中学校国語科

新3観点の
テスト
づくり&
学習評価
アイデアブック

冨山哲也・杉本直美・黒田 諭 編著

明治図書

はじめに

　平成29年告示の学習指導要領に基づいた指導と評価が進む中で，令和3年1月の中教審答申[1]は，大きなインパクトを与えました。コロナ禍に対応する学習の多様化と学力保障，GIGA スクール構想による1人1台端末の推進が，個別最適な学びと協働的な学びという考え方と相まって，先生方の授業づくりに変化をもたらしているように感じています。

　改めて整理すると，個別最適な学びは，「指導の個別化」と「学習の個性化」に整理されます。令和3年3月に文部科学省初等中等教育局教育課程課が公表した参考資料[2]では，「指導の個別化」と「学習の個性化」は次のように説明されています。

【指導の個別化】一定の目標を全ての児童生徒が達成することを目指し，個々の児童生徒に
　　応じて異なる方法等で学習を進めることであり，その中で児童生徒自身が自らの特徴や
　　どのように学習を進めることが効果的であるかを学んでいくことなども含みます。

【学習の個性化】個々の児童生徒の興味・関心等に応じた異なる目標に向けて，学習を深め，
　　広げることを意味し，その中で児童生徒自身が自らどのような方向性で学習を進めてい
　　ったら良いかを考えていくことなども含みます。

　このような考え方を踏まえ，全員が同じ課題に同じ進度で取り組むのではなく，個々の生徒が異なる課題に異なる進度で取り組むような授業も増えてきています。そうなると，このような学習において，生徒の学習状況をどのように評価するのかということがますます重要になってきます。

　現在行われている「目標に準拠した評価」が一般的になったのは，平成13年度の生徒指導要録からでした。これは，前年の教育課程審議会答申[3]を受けて改訂されたものです。この答申では，目標に準拠した評価のメリットについて次の5点を挙げています。

---

①指導の改善に生かす
②全ての児童生徒に基礎・基本を定着させる
③学校間の接続に役立てる
④個に応じた多様な指導に対応する
⑤評価の客観性や信頼性を確保する

1　「『令和の日本型学校教育』の構築を目指して〜全ての子供たちの可能性を引き出す，個別最適な学びと，協働的な学びの実現〜（答申）」（令和3年1月，中央教育審議会）
2　「学習指導要領の趣旨の実現に向けた個別最適な学びと協働的な学びの一体的な充実に関する参考資料」（令和3年3月，文部科学省初等中等教育局教育課程課）
3　「児童生徒の学習と教育課程の実施状況の評価の在り方について（答申）」（平成12年，教育課程審議会）

このうち④については，次のように述べています。

> 　新学習指導要領においては，児童生徒の学習の習熟の程度に応じた指導など個に応じた指導を一層重視しており，学習集団の編成も多様となることが考えられるため，指導に生きる評価を行っていくためには，目標に準拠した評価を常に行うことが重要となる。

　この指摘は，正に現在の状況につながるものと言えましょう。「指導の個別化」「学習の個性化」が進む中，目標に準拠した評価をどのように洗練させていくかが喫緊の課題になっています。テスト問題の作成についても，このような背景をしっかり押さえておく必要があります。

　本書は，中学校国語科の学習評価について，テスト問題を中心とした実践を収めたものです。言うまでもなく，多くの先生方は，学習活動に即した評価とテストによる評価を組み合わせて，生徒の学習状況を把握します。多様な学習内容に応じたテスト問題を作成することについて悩みを抱えている方もいるでしょう。そのような悩みに対して，少しでもヒントになる情報を提供したいというのが，本書の執筆者の共通の思いです。

　Chapter1では，中学校国語科のテストづくりと学習評価のポイントを整理しました。執筆を担当したのは，文部科学省で中学校国語科の教科調査官を経験した杉本直美氏と冨山，そして，北海道教育大学附属函館中学校副校長の黒田諭氏です。黒田氏は，国立教育政策研究所の学力調査官として「全国学力・学習状況調査」の作成と分析を担当された経験をお持ちです。

　Chapter2〜4では，具体的なテスト問題と学習評価のアイデアを紹介しています。学年ごとに，「話すこと・聞くこと」「書くこと」「読むこと（説明文）」「読むこと（文学）」「古典」を取り上げ，それぞれについての授業の概要とともに，「知識・技能」「思考・判断・表現」「主体的に学習に取り組む態度」の３観点に対応したテスト問題を示しています。問題には解答（例）と解説を付し，学習評価のアイデアも記しました。執筆していただいたのは，全国各地で活躍されている先生方です。黒田氏には，実践者の先生方へのきめ細かな連絡やアドバイスにも尽力していただきました。

　なお，評価に関する基本的な考え方は，「『指導と評価の一体化』のための学習評価に関する参考資料　中学校国語」（令和２年，国立教育政策研究所教育課程研究センター）に準じています。

　ただし，個々のテストの採点や評価の仕方は，実践者の判断によるものです。また，観点別評価や評定の在り方については，教育委員会が一定の基準やルールを定めている場合があります。その点に留意してお読みいただけますようお願いします。

2024年4月

冨山哲也

Contents

Chapter 2

第1学年　テスト問題&学習評価アイデア

Chapter 3

第2学年　テスト問題&学習評価アイデア

Chapter4

第3学年　テスト問題&学習評価アイデア

Chapter 1

中学校国語科の
テストづくりと
学習評価のポイント

1

1 中学校国語科の学習評価の考え方

1 資質・能力の育成と学習評価

　現行学習指導要領に基づいた学習評価が行われて一定の期間が経過した。各学校においては，テストづくりも含めた適切な学習評価の方法について，多様な実践の蓄積がなされていることと思う。ここでは改めて，中学校国語科の学習指導の特徴を踏まえながら，評価を進める上でのチェックポイントを指摘しておきたい。

　最も重要なのは，現行学習指導要領の改訂の核心である「育成を目指す資質・能力の明確化」と評価との関係についてである。国語科の資質・能力は指導事項に系統的に示されている。その内容は，学年ごとに重点化が図られていたり，螺旋的に高まるように設定されたりしている。すなわち，その学年で求める「水準」があるということである。そこで，評価においても，単元に位置付けた指導事項に基づいて評価規準を設定することが示された。平成20年告示の学習指導要領の下では，指導事項を踏まえつつ，学習活動に即した具体的な評価規準（「具体の評価規準」等と称された）を設定するのが一般的であった。この方法は有効であるが，評価規準が指導事項の示す内容から離れたものになってしまう例が散見された。特に，指導事項に示された水準を満たしていない評価規準のまま指導と評価が進んでしまうと，当該学年で求める資質・能力が身に付かないという問題が生じる。この問題点を解決するため，現行学習指導要領における「知識・技能」「思考・判断・表現」の評価規準は，指導事項の文言をそのまま用い，文末を「〜している。」として示すことを基本としている。その上で，実際の授業においては，評価を適切かつ効率的に行うため，例えば「おおむね満足できる」状況（B）の例を想定することを求めている。

　テストづくりを行う際にも，上の点は極めて重要である。特に，〔思考力，判断力，表現力等〕の内容についてテスト問題を作成する際には，どの指導事項について問う問題なのかを明らかにするとともに，求める資質・能力を見るものになっているかどうかを確認する必要がある。例えば，同じ音声テープを用いて「聞くこと」についてのテストを行う場合でも，学年によって問題の内容は変わってくるだろう。第1学年ならば話の内容について答えさせる，第2学年ならば話の論理の展開についての考えを書かせる，第3学年ならば話の内容や表現について評価させるというように，指導事項を踏まえた問いになっているかどうかをチェックすることが必要である。

2 国語科のテスト問題を作成する上でのチェックポイント

拙編著『ワークシート&テスト問題例が満載！中学校国語新3観点の学習評価完全ガイドブック』（2021）において，指導と評価のチェックポイントを示した。それを基盤にしつつ，以下に，国語科のテスト問題を作成する上でのチェックポイントを示す。

	チェック	チェック項目例
授業づくりの前提		『中学校学習指導要領解説　国語編』を読み，学習指導要領の目標と内容を理解している。
		「『指導と評価の一体化』のための学習評価に関する参考資料」等を読み，国語科の評価の基本的な考え方を理解している。
		学校全体の方針を踏まえて，年間の指導と評価の計画を作成している（必要に応じて，生徒や保護者に分かりやすく説明している）。
単元の構想と授業実践		単元で指導する「指導事項」を明確にしている。
		上記の指導事項について，当該学年に求められている資質・能力の「水準」を明確にしている。
		指導事項に基づいて，「目標」と「評価規準」を設定している。
		評価規準と言語活動を関連させて，「おおむね満足できる」状況（B）の例を想定している。
		評価すべきタイミングで，明確な評価方法に基づき，適切な評価が行われている。
テストの作成		学習中の評価とテストによる評価の目的や役割の違いを整理している。 例）学習内容の理解を確認するためのテスト，学習の応用を見るためのテスト　など
		どの指導事項に対応した問題なのか明確になっている。
		評価する内容に応じて，テストの形態を選んでいる。 例）ペーパーテスト（選択肢，記述），レポート，音声表現，PC等への入力　など
		採点基準が明確で，採点の効率化を図る工夫がされている。
		学習中の評価とテストによる評価を適切に総括して，観点別学習状況の評価を行っている。
日常的に		生徒に，テストの結果に基づいて振り返らせたり，今後の学習の進め方について考えさせたりしている。
		「全国学力・学習状況調査」等を用いて，テスト問題の作り方や採点の仕方，結果の分析の仕方等についてヒントを得ている。

（冨山哲也）

2 新3観点の捉え方

1 3領域の資質・能力をどう捉えるか

　学習指導要領改訂に伴い，全ての教科等に共通して，新しい3観点で評価を行うことになった。これによる国語科の学習評価の変化は，大きく2点に整理することができよう。1点目は，これまでの「話す・聞く能力」「書く能力」「読む能力」の3観点が，「思考・判断・表現」の観点に統合されたことである。2点目は，これまでの「国語への関心・意欲・態度」の評価が「主体的に学習に取り組む態度」の評価に変わったことである。それぞれに関して現場の先生方から聞くことの多い問題点を挙げ，筆者の考えを述べたい。

　1点目については，「話す・聞く能力」「書く能力」「読む能力」の3観点が一つに統合されたことで，領域の力が見えにくくなったのではないかという懸念の声を聞く。これについては，目標に準拠した評価が適切に行われていれば，必要に応じて領域別の学習状況を把握し，その情報を生徒に提供することは可能なのではないだろうか。参考までに，国語科における評価のモデル図を示して説明する。

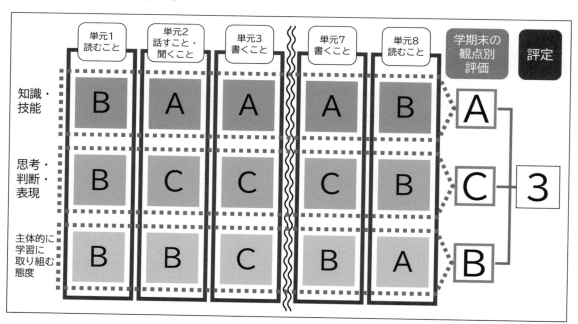

　ある学年の1学期の評価の内容である。各単元は，基本的に「話すこと・聞くこと」「書くこと」「読むこと」のいずれかの領域の学習になっており，その領域の指導事項に基づいて

A・B・Cの評価がされる。以前は，これを領域別に総括して，「話す・聞く能力」「書く能力」「読む能力」の評価としていた先生が多いと思われる。現行の評価においては，3領域の学習状況を一括して「思考・判断・表現」の評価としているわけだが，単元の評価結果が図のように蓄積されていれば，それらを操作することで，領域別の学習状況を把握することができる。

　このように領域別の学習状況を見ることは，3領域のバランスの取れた指導のためにも重要である。平成10年の学習指導要領改訂の頃は，国語科において「話すこと・聞くこと」と「書くこと」が軽視される傾向も見られた（「話すこと・聞くこと」「書くこと」に指導時数の下限の目安が示されているのは，このような状況に歯止めをかける意味もあった）。3領域の学習状況の評価が「思考・判断・表現」に総括された現在，3領域の指導を偏りなく行うことに改めて注意を払いたい。

2 「国語への関心・意欲・態度」から「主体的に学習に取り組む態度」への移行

　2点目については，新たに設けられた「主体的に学習に取り組む態度」の観点をどのように捉えるかが重要になる。ポイントは，従前の観点である「国語への関心・意欲・態度」と，「主体的に学習に取り組む態度」の共通点と相違点を明らかにすることである。この点について，「『指導と評価の一体化』のための学習評価に関する参考資料　中学校国語」（2020）では，次のように述べている（下線は筆者）。

> 従前の「関心・意欲・態度」の観点も，各教科等の学習内容に関心をもつことのみならず，<u>よりよく学ぼうとする意欲をもって学習に取り組む態度</u>を評価するという考え方に基づいたものであり，この点を「主体的に学習に取り組む態度」として改めて強調するものである。

　この「よりよく学ぼうとする意欲」を捉えるための方策が，「主体的に学習に取り組む態度」を評価するために「自らの学習を調整しようとする側面」を設定していることであると考えることができよう。「国語への関心・意欲・態度」で評価することを経験されてきた先生方におかれては，その評価の仕方を継承しつつも，「自らの学習の調整」の側面を意識的に見るようにすることが不可欠である。

　なお，「主体的に学習に取り組む態度」の評価の仕方について様々な質問を受けることがあるが，基本となるのは授業の中で，「粘り強さ」を発揮する場面，「自らの学習の調整」を行う場面を意図的に設定することである。それは，取りも直さず「主体的・対話的で深い学び」の実現を目指す授業を構想することであり，「指導と評価の一体化」を一層推進することが求められている。

（冨山哲也）

3 「知識・技能」の学習評価とテスト問題

1 「知っているか」を問うだけではない「知識・技能」の評価

　国語科の学習評価は，学習指導要領の構造と評価の観点が対応している点に特色がある。すなわち，〔知識及び技能〕の指導内容については「知識・技能」で評価し，〔思考力，判断力，表現力等〕の指導内容については「思考・判断・表現」で評価するという考え方である。現行の〔知識及び技能〕の内容は，平成20年告示の学習指導要領の〔伝統的な言語文化と国語の特質に関する事項〕を継承しているため，「知識・技能」では，言葉の特徴や使い方，情報の扱い方，我が国の言語文化に関して，求められている資質・能力を身に付けているかどうかを評価することになる。これらを評価する上で確認したいのは，「知識・技能」が単に「知っている（できる）」ということだけを求めているのではないということである。

　「『指導と評価の一体化』のための学習評価に関する参考資料　中学校国語」(2020) では，「知識・技能」の評価について，次のように解説している（丸数字と下線は筆者）。

> 　「知識・技能」の評価は，各教科等における学習の過程を通した知識及び技能の習得状況について評価を行うとともに，それらを既有の知識及び技能と関連付けたり活用したりする中で，①他の学習や生活の場面でも活用できる程度に概念等を理解したり，技能を習得したりしているかについても評価するものである。（中略）
> 　具体的な評価の方法としては，ペーパーテストにおいて，②事実的な知識の習得を問う問題と，知識の概念的な理解を問う問題とのバランスに配慮するなどの工夫改善を図るとともに，例えば，児童生徒が文章による説明をしたり，各教科等の内容の特質に応じて，観察・実験したり，式やグラフで表現したりするなど，③実際に知識や技能を用いる場面を設けるなど，多様な方法を適切に取り入れていくことが考えられる。

　下線部①で述べているのは，ある事柄について「知っている」段階だけではなく，理解したり活用したりする段階まで指導し，その状況を評価する必要があるということである。下線部②では，ペーパーテストの内容について，単純に事柄の記憶を問うような問題だけでなく，その事柄について理解できているかを問うような問題を設定することが重要であることを述べている。さらに下線部③では，パフォーマンス評価のように，実際の場面で知識や技能が活用できるかどうかを見ることについても言及している。

2 「敬語」に関するテスト問題の例

　これまで述べてきたことについて，「敬語」を題材にして考えてみたい。「敬語」に関しては，「(1)言葉の特徴や使い方に関する事項」の中の「言葉遣い」に関する事項に位置付けられている。『中学校学習指導要領（平成29年告示）解説　国語編』（2018，以下，『解説』）pp.168-169の一覧表で確認できるように，「言葉遣い」に関する指導は，小学校の低学年から継続的に行われている。中学校教員としては，生徒が小学校でどのような資質・能力を身に付けてきているのかを理解して指導することが必要である。

　中学校第2学年の指導事項は次のようになっている。

カ　敬語の働きについて理解し，話や文章の中で使うこと。

　『解説』では，「中学校においては，敬語に関する個々の体験的な知識を整理して体系付けるとともに，人間関係の形成や維持における敬語のもつ働きを理解する必要がある。」とし，具体的な内容として，尊敬語，謙譲語，丁寧語についての理解を求めている（いわゆる5分類については，生徒の発達や学習の状況に応じて取り上げることも考えられるとしている）。

　これを踏まえ，テスト問題の内容について，次のように考えることができよう。

①「知っているか」を問う問題

（例1）敬語の3種類とは何か，答えなさい。

（例2）傍線部の敬語は，3種類の敬語のうちのどれに当たるか答えなさい。

　これらは，小学校高学年でも学習してきており，学習前の実態把握に適した問いである。

②「理解しているか」を問う問題

（例3）次の文章の中で，誤った敬語の使い方をしている部分を答えなさい。また，なぜ誤りなのか，どのように言うのが適切なのかを説明しなさい。

（例4）次の文言を，㋐校長先生に話す場合，㋑仲のよい友達に話す場合で，どのような言い方をすればよいか答えなさい。また，そのような言い方をする理由について，敬語の3種類の名称を用いて説明しなさい。

　これらは，中学校第2学年の指導事項に対応した問いと言えよう。

③知識や技能の活用について問う問題

（例5）津波発生時にアナウンサーが，「今すぐ避難！」「逃げて！」と声を荒らげて放送したことが話題になった。このことと「敬語」について学習したことを関連させて，あなたの考えを書きなさい。

　この例のように，身に付けた知識や技能について実生活と結び付けて考察させることで，事柄についての深い理解を見ることができる。

（冨山哲也）

4 「思考・判断・表現」の学習評価とテスト問題

1 課題解決的な言語活動を設定した授業を行う

「『指導と評価の一体化』のための学習評価に関する参考資料　中学校国語」（2020）では，「『思考・判断・表現』を評価するためには，教師は『主体的・対話的で深い学び』の視点からの授業改善を通じ，児童生徒が思考・判断・表現する場面を効果的に設計した上で，指導・評価することが求められる。」と述べている。国語科においては，単元全体の学習課題としての「言語活動」を設定した授業が，これに応じたものと言える。

　筆者はこれまで，「単元構想表」という書式を用いて授業づくりを行うことを提案してきた。右に示したのは，第1学年「書くこと」の例である。作成は，以下の手順で行う。

---

①〔思考力・判断力，表現力等〕の指導事項を転記する。その学年で特に重要だと思われる部分に下線を引く。

②指導事項を指導するにふさわしく，かつ，生徒が興味・関心をもつような言語活動を設定する。

③関連する〔知識及び技能〕の指導事項を設定し，転記する。

④指導事項と言語活動を結び付けて，それぞれの具体的な学習活動を設定する。

⑤単元で特に重点的に指導する内容を決め，「重点化」欄に○を付ける。

⑥○を付した事項について，評価規準を設定する。

⑦「主体的に学習に取り組む態度」の評価規準を設定する。

⑧評価規準に対応し，「おおむね満足できる」状況（B）の例を想定する（評価方法も決める）。

⑨それぞれの指導と評価を何時間目に行うかを決め，時欄に記入する。

　このように言語活動を軸にして構想された授業は，生徒が思考・判断・表現する場面が効果的に位置付けられたものになる。

2 授業構想からテスト問題の作成へ

　右で取り上げた単元について，テスト問題を考えてみる。ここでは，「思考・判断・表現」

の観点の問題に絞る。授業づくりとテスト問題の関連をどのように図ったらよいか，参考にしていただきたい。

【単元構想表：(中・1) 年（書くこと）】 『中学校　新学習指導要領　国語の授業づくり』(2018) の掲載事例より

① 〔思考力，判断力，表現力等〕の指導事項	② 言語活動	⑤ 重点化	④ 具体的な学習活動	⑥ 「思考・判断・表現」の評価規準	⑧ Bの状況の例	⑨ 時
ア　目的や意図に応じ，日常生活の中から題材を決め，集めた材料を整理し，伝えたいことを明確にすること。	夏休みの経験を新聞で報告する	○	単元の目標と活動について理解し，学習の見通しをもつ。 夏休みの経験から伝えたい内容を決め，材料を集めて整理する。[休み前に予告しておく]	「書くこと」において，目的や意図に応じ，日常生活から題材を決め，集めた材料を整理し，伝えたいことを明確にしている。	「トップ記事」「囲み記事」「コラム」のそれぞれの特徴と関連付けて記事の内容を決めている姿。[ワークシート]	1
イ　書く内容の中心が明確になるように，段落の役割などを意識して文章の構成や展開を考えること。			「トップ記事」「囲み記事」「コラム」，それぞれの記事の内容に即して，新聞の1面に割り付けを考える。			1
ウ　根拠を明確にしながら，自分の考えが伝わる文章になるように工夫すること。			記事の内容に即して，伝えたいことが明確になるように下書きを書く。			2 3
エ　読み手の立場に立って，表記や語句の用法，叙述の仕方などを確かめて，文章を整えること。		○	表記や語句，叙述の仕方などを確かめながら，用紙に清書する。見出しも整える。	「書くこと」において，読み手の立場に立って，表記や語句の用法，叙述の仕方などを確かめて，文章を整えている。	「下書き」を修正した箇所について，どのように直したか，なぜそう直したかを説明する姿。[下書きへの書き込み]	4
オ　根拠の明確さなどについて，読み手からの助言などを踏まえ，自分の文章のよい点や改善点を見いだすこと。			完成した新聞のうちのいくつかを全体で読んで意見交換する。その後，各自で新聞を読み返す。 学習過程に即してどのような資質・能力が身に付いたか振り返る。			5

③ 〔知識及び技能〕の指導事項			具体的な学習活動	「知識・技能」の評価規準	Bの状況の例	時
(1)オ　比喩，反復，倒置，体言止めなどの表現の技法を理解し使うこと。		○	特に見出しを考える際に，表現の技法を効果的に使う。	比喩，反復，倒置，体言止めなどの表現の技法を理解し使っている。	見出しを作る際に表現技法を用い，その技法を用いた意図を明確にしている姿。[下書き]	3
			⑦ 「主体的に学習に取り組む態度」の評価規準→	粘り強く表記や語句の用法，叙述の仕方などを確かめて文章を整え，学習課題に沿って新聞を作成している。	新聞の内容をよりよくしようと何度も見直し，意図的に文章を整えている姿。[観察，振り返り]	5

【指導事項ア】

　指導事項アについて，今回の授業では，新聞という形式にまとめるという条件を与えることで思考・判断・表現する機会を設定した。授業時のBの状況の例は，「『トップ記事』『囲み記事』『コラム』のそれぞれの特徴と関連付けて記事の内容を決めている姿」である。これを踏まえると，例えば次のような問題が考えられる。

（例1）小学校6年生に向けて，新聞の形式で，本校のPRをしたいと思います。⑦トップ記事，①囲み記事，⑦コラムのそれぞれにどのような内容を取り上げるか簡潔に書きなさい。また，その内容を取り上げる理由を説明しなさい。

【指導事項エ】

　指導事項エについて，今回の授業では，読み手の立場に立って記述をどのように工夫するか思考・判断・表現する機会を設定した。授業時のBの状況の例は，「『下書き』を修正した箇所について，どのように直したか，なぜそう直したかを説明する姿」である。これを踏まえると，例えば次のような問題が考えられる。

（例2）小学校6年生に向けて本校をPRする新聞で，「合唱コンでは，3年生がすごいです。」と書いた。伝えたいことがよりよく伝わるように，この文を修正したい。修正した文を書きなさい。また，それぞれの修正箇所について，そのように修正した理由を書きなさい。

（冨山哲也）

5 「主体的に学習に取り組む態度」の学習評価とテスト問題

1 「主体的に学習に取り組む態度」の評価規準の設定について

評価規準の設定のポイントについて，国立教育政策研究所（2020）には次のようにある。

①知識及び技能を獲得したり，思考力，判断力，表現力等を身に付けたりすることに向けた粘り強い取組を行おうとする側面と，②①の粘り強い取組を行う中で，自らの学習を調整しようとする側面の双方を適切に評価できる評価規準を作成する。

例えば，第3学年での「『小倉百人一首』の和歌を読んで鑑賞文を書く」という単元における「主体的に学習に取り組む態度」の具体を次に示す（下線は筆者）。

知識・技能	思考・判断・表現	主体的に学習に取り組む態度
○長く親しまれている言葉や古典の一節を引用するなどして使っている。（(3)イ）	○「書くこと」において，表現の仕方を考えたり資料を適切に引用したりするなど，自分の考えが分かりやすく伝わる文章になるように工夫している。（B(1)ウ）	○積極的に，表現の仕方を考えたり和歌の言葉を適切に引用したりして，学習課題に沿って，現代の人々のものの見方や考え方と比較しながら自分なりに考えたことを文章に書こうとしている。

「主体的に学習に取り組む態度」の「積極的に」に続く＿＿＿線部は，「思考・判断・表現」の評価規準の文言とリンクしている。つまり，この単元では，「B書くこと」の「表現の仕方を考えたり資料を適切に引用したりする」ことの指導に重点が置かれていることが分かる。同時に，生徒に特に粘り強さを発揮してほしいのがこの内容であるということになる。また，「学習課題に沿って」に続く＿＿＿線部は，本単元の具体的な言語活動を示している。つまり，この言語活動を通して，生徒が自らの学習の調整を行いながら学びを進めていくことを求めていることが分かる。このように，「主体的に学習に取り組む態度」の評価規準は，当該単元で取り扱う言語活動や他の2観点とともにあることを改めて確認しておきたい。

2 「主体的に学習に取り組む態度」の学習評価について

評価規準の設定を適切に行った上で，単元の学習の中のどこで評価をするかを考える。例えば，前項で示した単元における具体を次に示す。

時	主な学習活動	評価規準・評価方法等
1	・『小倉百人一首』の和歌とそれを解説している文章を探して読み，情景等を想像するとともに，現代の人々のものの見方や考え方と比較しながら自分なりの考えをもつ。	［知識・技能］，［思考・判断・表現］の評価については省略
2	・自分が選んだ和歌について鑑賞したことを，表現の仕方を考えたり，和歌の言葉を引用したりしながら文章に表す。	［主体的に学習に取り組む態度］ 観察・ノート 表現の仕方を工夫したり和歌の言葉を適切に引用したりしているかを確認する。つまずきのある生徒には，表現の仕方の工夫や引用の仕方についての既習内容を具体的に助言する。
3	・書いた文章をグループで読み合い，自分なりに考えたことが分かるように書かれているかについて，表現の仕方や，引用の仕方に着目して評価し合う。	
4	・グループで評価し合った事柄を基に，自分の書いた文章を見直し，必要に応じて加除訂正する。	［主体的に学習に取り組む態度］ 観察・ノート 第2時からの変容にも着目しながら，表現の仕方を工夫したり和歌の言葉を適切に引用したりしているかを確認する。

「主体的に学習に取り組む態度」について，本単元では第2時と第4時に評価の場面を設定している。第2時での評価は，主に生徒のつまずきを把握するとともに，第4時に向けて自らの学習の調整を促し，粘り強く取り組んでいけるように指導することを意図している。このように「主体的に学習に取り組む態度」の評価は，具体的な言語活動の中での生徒の姿を基に行うことが大切である。

3 「主体的に学習に取り組む態度」のテスト問題について

「主体的に学習に取り組む態度」の評価については，Chapter2～4に掲載したようなテスト問題を取り入れることも考えられる。その際，「知識・技能」や「思考・判断・表現」としての出題内容や評価規準になっていないかを確認したい。その上で，評価規準で設定した粘り強さや自らの学習の調整に係る事柄が評価できるものであるかどうかを精査する必要がある。内容のまとまりごとの生徒の学びの姿を適切に評価するために，2に示したような方法と併せて実施することを視野に入れたい。

（黒田　諭）

6 「話すこと・聞くこと」の学習評価とテスト問題

1 紙面上で評価できる内容を整理する

　「話すこと・聞くこと」の学習評価について，特に，話したり聞いたり話し合ったりするといった，実際の表現に関わる部分をいわゆるペーパーテストで評価するのが難しいことは，先生方の共通した認識と言ってよいだろう。それは，話したり聞いたり話し合ったりすることは，基本的に目の前に他者がいて成り立つ表現活動だからである。もちろん，全ての指導事項をペーパーテストで評価する必要はない。しかしながら，実際の表現を伴う場面の評価について，授業中で全て担うことができるのかと問われれば，これもまた難しいことが多いのではないか。「生徒全員にスピーチさせる時間がない」「グループでの話合いを全て見ることは困難だ」といった声は，その難しさの一端を表している。そのため，先生方は，座席の工夫をしたりICT端末で録音・録画して授業中確認できない内容を補ったりするなど，様々な手立てを講じて学習評価を行っている。しかし，例えば，【表】の下線部についての内容などは，表現活動を実際に見るだけでは，実は評価することは難しい。

【表：実際の表現を伴う「話すこと・聞くこと」の指導事項の一部】

	第1学年	第2学年	第3学年
話すこと	ウ　相手の反応を踏まえながら，自分の考えが分かりやすく伝わるように表現を工夫すること。	ウ　資料や機器を用いるなどして，自分の考えが分かりやすく伝わるように表現を工夫すること。	ウ　場の状況に応じて言葉を選ぶなど，自分の考えが分かりやすく伝わるように表現を工夫すること。
聞くこと	エ　必要に応じて記録したり質問したりしながら話の内容を捉え，共通点や相違点などを踏まえて，自分の考えをまとめること。	エ　論理の展開などに注意して聞き，話し手の考えと比較しながら，自分の考えをまとめること。	エ　話の展開を予測しながら聞き，聞き取った内容や表現の仕方を評価して，自分の考えを広げたり深めたりすること。
話し合うこと	オ　話題や展開を捉えながら話し合い，互いの発言を結び付けて考えをまとめること。	オ　互いの立場や考えを尊重しながら話し合い，結論を導くために考えをまとめること。	オ　進行の仕方を工夫したり互いの発言を生かしたりしながら話し合い，合意形成に向けて考えを広げたり深めたりすること。

　下線部については，例えば，生徒一人一人に「自分の考えが分かりやすく伝わるように，ど

のような点を具体的に工夫して表現したか」「どのようなときに記録を取るよう心がけたか」「グループ内の話合いにおいて，どのタイミングでどのような意見を述べたか。それはなぜか」など，表現の意図や工夫を授業中に発言させたり，ワークシートに記入させたりすることでその状況を確認していることと思う。先生方が行っているこのような問い掛けは，実は，ペーパーテストを通して確認することで，教師のみならず，個々の生徒も改めて自身の学習状況を整理したり定着の状況を把握したりする貴重な機会になる。

2 「話すこと・聞くこと」のテストづくりにおいて考えられる工夫とそのポイント

本書で取り上げた各学年の「話すこと・聞くこと」の「思考・判断・表現」のテストづくりには，以下の工夫がある。

① 「聞くこと」の指導事項を評価するために，授業での発表に類似した場面を再現し，授業で取り上げた質問の観点を活用して質問内容を考えさせるとともに，その質問は何のために行うのか，質問後にどのような対話が展開することを想定しているかを考えさせている。（第1学年「質問で思いや情報を聞き出そう」）

② 「話し合うこと」の指導事項を評価するために，授業での生徒同士の話合いに類似した場面を再現し，各立場からの意見についてその関係性を考えさせている。（第2学年「自分の話合いチェックリストを作ろう」）

③ 「話し合うこと」の指導事項を評価するために，授業で行ったテーマに基づいた話合いに類似した場面を再現し，評価する観点を明確にして発言に印を付けさせ，なぜそこに印を付けたのかの理由を考えさせている。（第3学年「SDGsの実現に向けて私たちができることを話し合おう！」）

これらの実践から，テストづくりに当たってのポイントとして，以下が導き出される。

○授業場面やそれに類似した場面を簡易に再現すること
○自分が実際に話す内容を，その意図とともに記述させること
○自分の話す内容が，当該場面にどのような影響を与えるかを考えさせること

これらのポイントを踏まえてテスト問題を作成するためには，当該単元において育成すべき資質・能力に照らして，学習過程の中で特に注力すべき場面とその内容を，生徒一人一人が意識して学習に臨めるよう指導することが重要である。また，紙面上で話合い等の場面を再現する際には，必要以上に大部なものにならないよう，評価したい内容を踏まえて「簡易に」表すことを目指したい。発表や話合い場面のテキストについては，録音や動画等を用い，解答を紙面に書かせるといったことも引き続き行いたい方法の一つである。

(杉本直美)

7 「書くこと」の学習評価とテスト問題

1 「構成の検討」を問う

『解説』の「国語科の改訂の趣旨及び要点」には，課題として以下の三つが挙げられている。

> ①伝えたい内容や自分の考えについて根拠を明確にして書いたり話したりすること
> ②複数の資料から適切な情報を得てそれらを比較したり関連付けたりすること
> ③文章を読んで根拠の明確さや論理の展開，表現の仕方等について評価すること

　①は，「考えの形成，記述」に関する指導事項と関わる課題であるが，テストづくりにおいて，「根拠」を意識して書かせることについては比較的よく行われている。その上で，各学年において重点とする内容を意識してテストづくりを行いたい。例えば，第2学年では，根拠を明確にするだけではなく，その根拠が「適切」であるかどうかを考えさせる必要がある。具体的には，自分の意見を裏付けるためにいくつかの資料を用意したが，それらのどれが，あるいはその資料のどの部分の情報が，自分の意見の根拠たるにふさわしいかを考えさせる問題をつくるということである。言うまでもなく，そこで発揮される力は，②の課題と重なる。

　③の課題は，自分が書いた文章を読む（読み直す）際に必要となる力である。「根拠の明確さ」を評価することについては，①と関わって意識されている。「表現の仕方」については，例えば，よりよい表現を求めるといった学習場面を設定し，伝えたい内容に照らしてどちらの表現で書くほうがよいかなど，表現を吟味して書く問題を意図的に出題したい。

　「論理の展開」を評価するに当たっては，「構成の検討」に関する指導事項を踏まえたテストづくりが必要となるが，他の指導事項と比べると，問題として仕立てるのが難しいようである。「全国学力・学習状況調査」においても，直近の当該指導事項に関する問題は，平成30年度の【図書だよりの下書き】の構成を問う問題（「伝えたいことを，問いとそれに答える形で複数の項目を設けて書いている。」が正答肢）まで遡る。一方で，先生方も日々の授業で実感されていると思うが，生徒は，構成を意識して書くことが苦手である。だからこそ，「構成の検討」については，ぜひともその定着状況をテストで確認し，次の授業へつなげたい。

　例えば，第1学年であれば，段落を入れ替えた同一テーマの文章を二つ用意し，どちらが「伝えたい内容」が際立つかを理由とともに考えさせるのはどうか。また，テーマを決めて3段落構成程度の文章を書かせ，各段落の役割を簡潔に説明させるなどの問題も考えられる。第

2学年においては，自分が書いた文章について，隣同士の段落がどのような関係でつながっているのかを説明させるのもよいだろう。いずれにしても，段落の役割や段落相互の関係を考えさせるには，段落自体を意識して書かせる必要がある。いわゆる条件付き作文は好まれない傾向にあるとも聞くが，教師の明確な意図の下，文章を書かせる際に条件を付すことは，生徒の学習の状況を把握する手段の一つとして有効である。

2 「書くこと」のテストづくりにおいて考えられる工夫とそのポイント

本書で取り上げた各学年の「書くこと」の「思考・判断・表現」のテストづくりには，以下の工夫がある。

①「推敲」の指導事項を評価するために，Aさんが国語の授業で創作した詩を某所に応募するために，自分の詩を改めて見直して修正するという場面を設定し，Aさんが修正した内容についての意図を考えさせるようにしている。（第1学年「表現技法の効果を確かめながら自分のイメージが伝わる詩を創作しよう」）

②「考えの形成，記述」の指導事項を評価するために，ICT（Google ドキュメントとコメント機能）を活用して意見文を書いた授業の一場面を再現し，実際の授業で課題が見られた箇所についてのコメントを意図的に用意し，それを踏まえて自分の考えを書かせるようにしている。（第2学年「言葉についての意見を交流する」）

③「考えの形成，記述」の指導事項を評価するために，同じテーマで作成された二つのポスターを比較し，どちらのポスターがテーマに対してより適切かを評価する文章を，自分が収集した資料を根拠に書かせるようにしている。（第3学年「伝わりやすく説得力のある文章を書こう」）

これらの実践から，テストづくりに当たってのポイントとして，以下が導き出される。

○必然性のある言語活動の場面を設定したり，授業場面を再現したりすること
○実際の授業で見られた生徒の課題を踏まえて，文章を書かせること
○確認したい力に応じて，各自が収集した資料を活用して書かせること

言語活動や授業場面を再現することは，全領域に共通する有効な工夫であるが，「書くことがない」という生徒にとっては極めて重要な設定となる。丁寧かつ簡潔にその学習過程を示したい。また，実際の授業において，課題が見られた内容について問う流れをつくることも大切である。特に，書くことは一定の時間を要するため，授業で即時に把握し，確認することが容易でないからである。なお，時間を要することに加え，様々な資料が必要な場合があることから，定期テスト場面以外で問うことも視野に入れたい。

（杉本直美）

8 「読むこと」の学習評価とテスト問題

1 指導事項の「重点」を確認する

　先生方がこれまで受けてきた定期テスト等の問題群も，教師として作成している問題群も，「読むこと」に関するものが多いのではないか。そのためか，「読むこと」のテスト問題については，他領域と比較して作成しやすいと感じる先生も多いようである。しかし，果たして一つ一つの問題が当該学年の問題として適切かどうかという点については課題もある。例えば，どの学年でも「登場人物の心情を問う」問題を見かける。もちろん，問うこと自体を否定するものではないが，改めて「登場人物」という言葉に着目して学習指導要領を確認すると，以下のように3か所に確認できる。

【表：「登場人物」という言葉が明記されている「読むこと」の指導事項】

		第1学年	第2学年
構造と内容の把握		イ　場面の展開や登場人物の相互関係，心情の変化などについて，描写を基に捉えること。	ア　文章全体と部分との関係に注意しながら，主張と例示との関係や登場人物の設定の仕方などを捉えること。
精査・解釈			イ　目的に応じて複数の情報を整理しながら適切な情報を得たり，登場人物の言動の意味などについて考えたりして，内容を解釈すること。

　これらの指導事項に対応したテスト問題を作成するためには，例えば，第1学年イにおいては，単に心情を問うのではなく，登場人物の心情の「変化」を「描写を基に」捉えることが重点であり，第2学年においては，登場人物の「設定の仕方」を捉えることが重点となる。

　なお，描写を基に心情の変化をつかむためには，当然のことながら，小学校第5学年及び第6学年「読むこと」イの「登場人物の相互関係や心情などについて，描写を基に捉える」力が発揮されたり，第1学年ウの「場面と場面，場面と描写などを結び付け」る力も必要となったりする。しかし，ここで評価するのは，あくまでも第1学年イであることを確認することも忘れてはならない。それが，当該テスト問題で定着状況を確認したい資質・能力（指導事項）をブレずに評価することにつながる。

2 「読むこと」のテストづくりにおいて考えられる工夫とそのポイント

　本書で取り上げた各学年の「読むこと」の「思考・判断・表現」のテストづくりには，以下

の工夫がある。

① 「構造と内容の把握」の指導事項を評価するために，提示されたスライドの不要部分についての理由を考えさせている。（第1学年「構造を説明するスライドを作ろう」）

② 「精査・解釈」の指導事項を評価するために，問題に採用した「第五日曜」以外の場面と結び付けることを条件とし，白象が寂しく笑った理由を考えさせている。（第1学年「オツベルと白象の真意を考察する」）

③ 「精査・解釈」の指導事項を評価するために，教科書中の他教材を活用して，文章と図との関連，及びその効果を考えさせている。（第2学年「図表に着目して説明的文章を読もう」）

④ 「精査・解釈」の指導事項を評価するために，終末にのみ登場する人物（少女）の行動に着目させ，物語の展開と関連させてその行動の意味を考えさせている。（第2学年「メロス，私はこう読む」）

⑤ 「考えの形成，共有」の指導事項を評価するために，授業で扱っていない文章を読ませることを通して，筆者の意図，及びそれに対する自分の考えを述べさせている。（第3学年「同じテーマの本を読んで紹介し合おう」）

⑥ 「精査・解釈」の指導事項を評価するために，「故郷」の情景描写を比較させ，観点（共通点・相違点）を提示して表現の効果を考えさせている。（第3学年「『希望』とは何か。」）

これらの実践から，テストづくりに当たってのポイントとして，以下が導き出される。

〇授業で行った言語活動をテスト問題として再現すること
〇授業で使用した教材以外のテキストをテスト問題として採用すること
〇自身の読みに対して「なぜ」を考えさせること

「読むこと」は，目的意識をもたせるのが難しい。それを踏まえれば，授業での言語活動を生かしてのテストづくりは有効である。注意すべき点は，授業の流れ全てを再現しようとしないことである。限られた時間で解く問題において，当該で確認したい力を十分に発揮してもらうためには，その力を見取れる活動箇所にポイントを絞って再現することである。生徒の考える時間を確保することにもつながる。

使用教材以外のテキストで，学習の定着状況を確認することはこれまでも行われてきているが，教科書中の他教材を活用する視点は，仕事の効率化の面からもぜひ参考にしたい。

「読むこと」のテストにおいて，総じて必要なのは「なぜ」そう考えるのかを問うことである。それは，言うまでもなく「読むこと」が内面で発揮される行為だからである。また，その解答が，テキストを根拠にしたものであるかどうかの確認も大切である。　　　　　　　（杉本直美）

9 学習評価とテスト問題作成における ICT の活用

1 文部科学省 CBT システム（MEXCBT：メクビット）について

　我が国の教育を取り巻く現状として，１人１台端末をベースとした ICT の利活用は必須である。現在，文部科学省では，児童生徒が学校や家庭において，国や地方自治体等の公的機関等が作成した問題を活用し，オンライン上で学習やアセスメントができる公的 CBT（Computer Based Testing）プラットフォームである「文部科学省 CBT システム（MEXCBT：メクビット）」の開発・展開を進めている。2021年からは，希望する全国の小・中・高等学校等における活用をスタートしている。これまでペーパーで行ってきたものを CBT 化することのメリットとして，文部科学省（2023）には次のように示されている。

１．調査問題の充実・多様化
○動画，音声や試行錯誤が可能な CBT の特性を活かして，「思考力」や「問題発見・解決能力」などのこれまで測定が困難だった能力の測定が可能
２．学力等の年度間比較や伸びの把握や，能力を伸ばす要因の推論が可能に
３．フィードバックの充実
○自動採点技術活用による結果の迅速な返却
○解答に加えて，操作ログ等の分析による児童生徒のつまずき等に関する多角的な分析
４．実施の改善・効率化
○調査実施にかかる学校現場の負担や事業経費の軽減（問題冊子等の配布・回収，確認・管理等）
○調査日の柔軟な設定が可能
○特別な配慮が必要な児童生徒への多様な対応（音声・読み上げ・文字の大きさの調整等）
○問題を共有することによりプールされる問題数が増えれば，作成にかける労力を軽減可能

　MEXCBT には，2023年12月現在で公的機関等が作成した問題が約４万問搭載されている。MEXCBT の効果的な活用事例については，各学校等での今後のさらなる実践報告が待たれるところであるが，活用の際の視点は大きく二つ挙げられる。ひとつは CBT 問題を作成する際の視点で，もうひとつは CBT を実施する際の視点である。例えば，CBT 問題を作成する際には，文部科学省（2023）にもあるように「これまで測定が困難だった能力の測定が可能」にな

るという視点をもった作問等が期待される。また，CBT を実施する際には，「フィードバックの充実」による教育効果の向上等が期待される。

2　その他のツールを活用した CBT の取組の例

　Google Forms を活用した CBT の実践事例を紹介する。北海道教育大学附属函館中学校では，2013年度から学校保有による１人１台端末を進めるとともに，2017年度からは，BYAD（Bring Your Assigned Device）による１人１台端末の整備を実現しており，約10年間の ICT に係る取組の蓄積がある。2022年度からは「１人１台端末環境における指導と評価の一体化の実現」を学校研究主題として掲げ，CBT を活用した学習評価の在り方に着目した実践を進めている。同校では，次の観点から，Google Forms を活用した CBT 問題の実践に取り組んでいる。

> ①各教科等での指導内容のまとまりごとに，その定着度合いについての学習評価を行う際，問題の質や量，実施のタイミングを授業者自身が自在に調整できる必要がある。
> ②指導と評価の一体化を効果的に進めるには，問題を解かせて結果を分析するだけでなく，生徒が次の学習に生かすことのできる情報を個々にフィードバックする必要がある。

　放送大学の中川一史教授と同校との共著である『１人１台端末活用のミライを変える！ BYOD／BYAD 入門』（2023）には，「（Google Forms による）CBT を活用することで，生徒一人ひとりの学習進度，学習到達度等を確認することができ，指導方法等の適切な提供が可能となる。」と報告されている。

3　テスト問題作成における ICT の活用の際の留意点

　学習評価は，学習目標及び評価規準に基づいて行われる。そのため，動画や音声などの搭載が可能である CBT ならではの機能を用いることが，設定した評価規準等に即して適切であるかを常に意識する必要がある。その際，これまでペーパーで実施してきたものを全て CBT 化するという発想だけでなく，例えば，現時点では「知識・技能」の音声に係る問題のみ ICT を活用して行うことなどや，「知識・技能」に係る選択式の問題を CBT で実施し，「思考・判断・表現」に係る問題はペーパーで実施することなども考えられる。それは，学習評価は必ずしもテストといった形式のみで行うのでなく，日々の言語活動を通して行うといった考え方に通じるものである。つまり，育成を目指す資質・能力に即した指導と評価の在り方を常に意識し続けるということが肝要である。

(黒田　諭)

10 「全国学力・学習状況調査」に見る テスト問題の工夫

1 「全国学力・学習状況調査」の教科に関する調査について

教科に関する調査について，文部科学省（2022）には次のように示されている。

（イ）出題範囲は，調査する学年の前学年までに含まれる指導事項を原則とし，出題内容は，
それぞれの学年・教科に関し，以下のとおりとする。
① 身に付けておかなければ後の学年等の学習内容に影響を及ぼす内容や，実生活におい
て不可欠であり常に活用できるようになっていることが望ましい知識・技能等
② 知識・技能を実生活の様々な場面に活用する力や，様々な課題解決のための構想を立
て実践し評価・改善する力等
（ウ）調査問題では，上記①と②を一体的に問うこととする。出題形式については，国語及び
算数・数学においては，記述式の問題を一定割合で導入する。（後略）

また，国語科の調査問題作成に当たっては，国立教育政策研究所（2023）に次のようにある。

※ 「A話すこと・聞くこと」については，生徒が実際に話したり聞いたりするような調査
を行うことが難しいため，場面設定・状況設定などを工夫して，話す・聞く活動にできる
だけ近づけた出題となるようにした。
また，評価の観点として，「知識・技能」，「思考・判断・表現」に関わるものを出題した。

これらから，中学校国語科の調査問題は主に次のような観点で作成されていることが分かる。
1）出題範囲は，学習指導要領の中学校第2学年までの指導事項を原則としていること。
2）「知識・技能」，「思考・判断・表現」に関わる出題であること。
3）「A話すこと・聞くこと」もペーパーで出題するが，実際の話す・聞く活動に近づけた
出題を工夫していること。
4）記述式の問題を含んでいること。
このうち，1），2）に関しては本調査の目的等に合わせて設定されている観点であるが，
3），4）については，各学校で作成するテストにも生かすことのできる観点である。なお，
同調査では一人一人のつまずきが見えるように解答類型を設けている点も大いに参考としたい。

2 中学校国語科の調査問題作成の工夫について

前項の３），４）に関連して，主として「知識」に関する問題（「国語Ａ」）と，主として「活用」に関する問題（「国語Ｂ」）が一体的に出題されるようになった平成31年度（令和元年度）から令和５年度までの５年間の「Ａ話すこと・聞くこと」の問題についてレビューする。

	場面設定	記述式の問題の概要
令和元年度	地域とのつながりを大切にした文化祭にするために，生徒が取り組むことについて話し合っている場面	話合いの流れを踏まえ，「どうするか決まっていないこと」について自分の考えを書く
令和２年度	中学生に対して，卒業生である高校生がスピーチを行う場面	卒業生から学ぶ会の最後に述べるお礼の言葉を書く
令和３年度	複数の中学校の代表が参加し，地域清掃活動についてテレビ会議を行っている場面	参加者の誰がどのようなことについて発言するとよいかと，そのように考えた理由を書く
令和４年度	自分のスピーチを動画に記録して友達から助言をもらう場面	スピーチのどの部分をどのように工夫して話すのかと，そのように話す意図を書く
令和５年度	総合的な学習の時間において，「社会で働く上で大切なこと」について考えるために，インタビューをする場面	インタビューのまとめとしてどのようなことを述べるのか，自分の考えを書く

まず場面設定であるが，いずれもスピーチをしたり複数で話し合ったりするなど，実際の言語活動を想定した場面設定がなされている。生徒が問題を解く際には，この場面設定の理解が大切であることから，問題作成に当たっては，具体的な言語活動を想定した設定にするとともに，生徒が理解しやすい説明を付すことが肝要となる。また，記述式の問題の概要を見ると，実際の言語活動においては，いずれも当事者が口頭で話すことが求められるものである。特に「思考・判断・表現」を評価する場合には，生徒の内面にあるものを何らかの形で具体的に表出させる必要があることから，記述式の問題が取り入れられていると見ることができる。

なお，各学年の指導事項に基づいて問題を作成することや，言語活動を想定した場面設定をする際に分かりやすい説明を付すこと，さらに自身の内面にある事柄を具体的に表出させる問題を取り入れることについては，「Ａ話すこと・聞くこと」のみならず，「Ｂ書くこと」や「Ｃ読むこと」等の問題作成においても重要な視点である。

（黒田　諭）

〈引用参考文献〉

・冨山哲也他編（2021）『ワークシート＆テスト問題例が満載！中学校国語新３観点の学習評価完全ガイドブック』明治図書

・国立教育政策研究所（2020）「『指導と評価の一体化』のための学習評価に関する参考資料　中学校国語」

・文部科学省（2018）『中学校学習指導要領（平成29年告示）解説　国語編』東洋館出版

・冨山哲也（2018）『中学校　新学習指導要領　国語の授業づくり』明治図書

・文部科学省（2023）「文部科学省 CBT システム（MEXCBT：メクビット）について」
https://www.mext.go.jp/content/20231220-mxt_syoto01-000013393_2.pdf（2024年１月17日閲覧）

・中川一史・北海道教育大学附属函館中学校（2023）『１人１台端末活用のミライを変える！BYOD／BYAD 入門』明治図書

・文部科学省（2022）「令和５年度全国学力・学習状況調査に関する実施要領」
https://www.mext.go.jp/content/20221207-mxt_chousa02-000026336-1.pdf（2023年12月１日閲覧）

・国立教育政策研究所（2023）「令和５年度全国学力・学習状況調査解説資料　中学校 国語」
https://www.nier.go.jp/23chousa/pdf/23kaisetsu_chuu_kokugo_2.pdf（2023年12月１日閲覧）

Chapter 2

第１学年
テスト問題＆
学習評価アイデア

2

1 「話すこと・聞くこと」の学習評価とテスト問題
知識・技能

- 教材名：「聞き上手になろう」（光村図書）
- 単元名：質問で思いや情報を引き出そう
- 時　　間：5分

（中川美佳）

1 授業の概要と問題作成のねらい

授業の概要 全2時間

1 教師が行う「私の好きな本」の紹介を聞き，「もっと知りたいこと」について質問する。出された質問を分類し，「絞る質問」と「広げる質問」があることを知る。

2 3，4人のグループで「私の好きな本」の紹介を聞き合い，「絞る質問」と「広げる質問」を意識して質問し合う。

どのような場面でどのような質問が効果的であったか，よい質問の条件としてどのようなことが挙げられるかを考え，共有する。

※「よい質問の条件」の例

（相手の思いや情報を引き出して対話を充実させるために…）

- 意図が明確であること。
- 対話の流れに沿っていること。
- 相手が答えたい，答えやすい質問であること。
- 相手に伝わる話し方，受け方であること。

問題作成のねらい

授業の概要 2で共有した「よい質問の条件」を踏まえ，話し言葉の音声的特質を意識し，その場に応じた話し方・聞き方が捉えられているかを評価するテスト問題を作成する。

2 テスト問題

> 問題　今後，対話の中で「質問」を行う際に，「音声の働き」に関する部分で意識したいと考えていることについて，説明しなさい。

3 評価規準

- 音声の働きや仕組みについて，理解を深めている。

((1)ア)

4 解答例・解説

解答例

ア　質問の意図や内容が相手にきちんと伝わるように，程よい声の大きさや間を心掛け，中心
　　となる語を強調して発音するようにする。

イ　自分が聞き手として相手の話を正確に理解していることが伝わるように，間やプロミネン
　　ス，丁寧な発音に気を付けて反応する。

解説

・アは，自らが質問する場面において，「質問の意図や内容が相手にきちんと伝わるように」
　という目的を明確に自覚し，「程よい声の大きさや間を心掛け，中心となる語を強調して発
　音するようにする。」と話し言葉を使う際の留意点を具体的に記述できているため，「おおむ
　ね満足できる」状況（B）と判断する。

・イは，「自分が聞き手として相手の話を正確に理解していることが伝わるように」という目
　的を明確に自覚し，「間やプロミネンス，丁寧な発音に気を付けて反応する。」と，聞き手と
　して反応する際の留意点を具体的に記述できているため，「おおむね満足できる」状況（B）
　と判断する。

・また，ア（質問する際に意識したい話し言葉の音声的特質），イ（聞き手として反応する際
　に意識したい話し言葉の音声的特質）の両方について言及できていた場合は，「十分満足で
　きる」状況（A）と判断する。

・テストは，単元終了後に実施する。

5 学習評価アイデア

　授業では，単元の学習の最後に「よい質問の条件としてどのようなことが挙げられるか。」
と発問し，質問の働きや種類，タイミング等についての理解に加え，話し言葉の音声的特質に
ついての気付きを促す。その際，グループでの「本の紹介」と「質問で始まる対話」を記録し
た動画を振り返りの材料としてもよい。

　「中心となる語を強調して発音するようにする。」等，「おおむね満足できる」状況（B）と
判断できる発言をした生徒には，これまでに「『そうすればよかった。』『そうしたらうまくい
った。』と思う経験はあるか。」と質問する。「Aさんが心にしみたセリフとして紹介してくれ
た『〇〇。』について質問するときに，『〇〇』のところをはっきり聞こえるように意識して話
しました。」「『〇〇という部分が心にしみたということはあなた自身も同じことを考えた経験
があるということなのでしょうか。』と質問する際，『あなた自身も』を強調して言いました。」
など具体を挙げて説明できた場合を「十分満足できる」状況（A）とする。

1 「話すこと・聞くこと」の学習評価とテスト問題 思考・判断・表現

- ・教材名：「聞き上手になろう」（光村図書）
- ・単元名：質問で思いや情報を引き出そう
- ・時　間：10分

（中川美佳）

1 授業の概要と問題作成のねらい

授業の概要　全2時間

1　教師が行う「私の好きな本」の紹介を聞き，「もっと知りたいこと」について質問する。
　　出された質問を分類し，「絞る質問」と「広げる質問」があることを知る。

2　3，4人のグループで「私の好きな本」の紹介を聞き合い，「絞る質問」と「広げる質問」
　を意識して質問し合う。
　　どのような場面でどのような質問が効果的であったか，よい質問の条件としてどのような
　ことが挙げられるかを考え，共有する。

問題作成のねらい

　授業の概要2で，引き出したい思いや情報の内容によって「絞る質問」と「広げる質問」を
使い分けたり質問のタイミングを図ったりする必要があると気付いたことを踏まえ，質問の目
的を意識して知りたい情報に合わせて効果的な質問を行う力を評価するテスト問題を作成する。

2 テスト問題

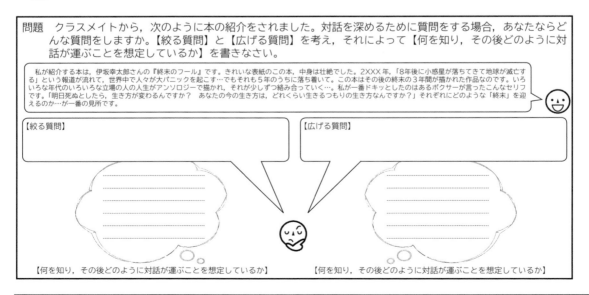

問題　クラスメイトから，次のように本の紹介をされました。対話を深めるために質問をする場合，あなたならどんな質問をしますか。【絞る質問】と【広げる質問】を考え，それによって【何を知り，その後どのように対話が運ぶことを想定しているか】を書きなさい。

　私が紹介する本は，伊坂幸太郎さんの『終末のフール』です。きれいな表紙のこの本，中身は壮絶でした。2XXX年，「8年後に小惑星が落ちてきて地球が滅亡する」という報道が流れて，世界中で人々がパニックを起こす…でもそれも5年のうちに落ち着いて。この本はその後の終末の3年間が描かれた作品なのです。いろいろな年代のいろいろな立場の人の人生がアンソロジーで描かれ，それが少しずつ絡み合っていく…。私が一番ドキッとしたのはあるボクサーが言ったこんなセリフです。「明日死ぬとしたら，生き方が変わるんですか？　あなたの今の生き方は，どれくらい生きるつもりの生き方なんですか？」それぞれにどのような「終末」を迎えるのか…が一番の見所です。

【絞る質問】

【広げる質問】

【何を知り，その後どのように対話が運ぶことを想定しているか】

【何を知り，その後どのように対話が運ぶことを想定しているか】

3 評価規準

・「話すこと・聞くこと」において，必要に応じて記録したり質問したりしながら話の内容を捉え，共通点や相違点などを踏まえて，自分の考えをまとめている。 (A⑴エ)

4 解答例・解説

解答例

ア【絞る質問】「あなたは，『明日死ぬとしたら，生き方が変わる』と思いますか。」

【何を知り，その後どのように対話が運ぶことを想定しているか】

「印象的なセリフとして紹介しているので，紹介者自身はどんな答えが浮かんだのか知りたいと思った。その後，どうしてそう思うのかを重ねて聞いて，「変わらない」と思っている私の考えと比べながら考えを深め合う対話ができたらよい。」

イ【広げる質問】「一番好きな登場人物はどんな人ですか。」

【何を知り，その後どのように対話が運ぶことを想定しているか】

「喜んで話してくれそうなことを質問することで，より多くの情報が引き出せるのではないかと思う。」

解説

・ア，イいずれの解答も「絞る質問」「広げる質問」の特徴を捉え，受け取った回答を基に対話を充実させていこうとする考えが記述されており，「おおむね満足できる」状況（B）と判断する。その上で，アの【何を知り，その後どのように対話が運ぶことを想定しているか】には，相手と自分の考えとを比較し共通点や相違点を踏まえて考えをまとめ上げていく時間的な流れを想定して記述できているため，「十分満足できる」状況（A）と判断する。

・テストは，単元終了後に実施する。

5 学習評価アイデア

授業では，グループで「私の好きな本」の紹介を聞き合って質問を含む対話を終えたあと，質問の効果や条件を一般化する前に，「対話がはずんだ場面は，どんな質問に対してどんな回答が返された場面であったか。」と発問し，知りたい情報に合わせて質問の仕方やタイミングを考えることの重要性について確認させる。「対話を深めたと思う質問」について，具体的な場面を挙げてその効果を説明できた生徒は「十分満足できる」状況（A）と判断する。

1 「話すこと・聞くこと」の学習評価とテスト問題 主体的に学習に取り組む態度

・教材名：「聞き上手になろう」（光村図書）
・単元名：質問で思いや情報を引き出そう
・時　間：10分

（中川美佳）

1 授業の概要と問題作成のねらい

授業の概要　全2時間

1　教師が行う「私の好きな本」の紹介を聞き，「もっと知りたいこと」について質問する。出された質問を分類し，「絞る質問」と「広げる質問」があることを知る。

2　3，4人のグループで「私の好きな本」の紹介を聞き合い，「絞る質問」と「広げる質問」を意識して質問し合う。

　どのような場面でどのような質問が効果的であったか，よい質問の条件としてどのようなことが挙げられるかを考え，共有する。

問題作成のねらい

　授業の概要2で積極的に質問をし，実生活で使うことを想定しながら，思いや情報を引き出すために効果的な質問の在り方をまとめたことを踏まえて，「質問の役割や可能性」「対話を充実させるためにどのように質問を活用していきたいか」を自分の言葉で具体的に記述させ，粘り強さと自らの学習を調整する力を評価するテスト問題を作成する。

2 テスト問題

問題1　今後，対話の中で「質問」を行う際に意識したいと考えていることを，これまでの経験やこれから経験する可能性があると考えられる場面を具体的に挙げて説明しなさい。

問題2　「質問」の役割や可能性について，今あなたが考えていることを書きなさい。

3 評価規準

・積極的に音声の働きや仕組みについて考えたり，必要に応じて質問したりしながら話の内容を捉え，学習課題に沿って話を引き出して対話を充実させようとしている。

4 解答例・解説

解答例

1ア 一問一答で終わらないように，相手の話をきちんと聞いて次の質問につなげていくようにしたい。その際，質問の順番やタイミングにも注意したい。友達のスピーチを聞く場面などでも効果的に質問を積み重ねて話を盛り上げたい。

イ インタビューをする際など，相手の話をきちんと聞いていることを示すためにはときどき「絞る質問」で確認を行い，その場で初めて聞く生きた情報を聞き出す場面では，積極的に「広げる質問」を行いたい。

2ウ 質問はその場のやり取りの中で生まれてくるもの。聞くときはうなずいたり相づちを打ったりしながらよいタイミングで質問をすると盛り上がる。知りたいことが相手に伝わるように，はっきり話したり強調したいところをゆっくり言ったりすることも大切。

エ 質問は，分からないことを尋ねるだけでなく，話の続きを促したり，他の言葉で言い換えて確認したり，より詳しい話を引き出したりすることができる。話は，話し手と聞き手のキャッチボールの中で一層深まっていくものだと思った。

解説

・アは，具体的な場面を挙げながら，質問を行う際に意識したいことが記述されているため，「おおむね満足できる」状況（B）と判断する。その上で，イについては，質問の種類の使い分けまでを丁寧に想定しているので，「十分満足できる」状況（A）と判断する。

・ウは，音声言語の特色に言及した記述例である。対話を充実させるために意識したいことを自分の言葉で具体的に記述してあるため，「おおむね満足できる」状況（B）と判断する。エはその上，質問の可能性にも丁寧に言及しており，活用の意識が認められると判断し，「十分満足できる」状況（A）と判断する。

・テストは，単元終了後に実施する。

5 学習評価アイデア

授業では，随所で「これまでの経験を振り返ってどうか。」「これからどんな場面でこの学びを生かしていきたいか。」と問い掛け，実生活に生きる学びになるよう繰り返し振り返りや調整を促す。評価は，1，2時間目の「質問」場面の観察と単元終了後の単元テストで行う。

2 「書くこと」の学習評価とテスト問題
知識・技能

・教材名：「詩を作ろう」「野原はうたう」「さまざまな表現技法」（光村図書）
・単元名：表現技法の効果を確かめながら自分のイメージが伝わる詩を創作しよう
・時　間：5分

（髙橋　暖）

1　授業の概要と問題作成のねらい

授業の概要　全5時間

1　「野原はうたう」を読み，気になった表現や詩の特徴をまとめる。
2　表現技法の名称やその効果をまとめ，「野原はうたう」に使用されている表現技法を確認する。
3　「学校」をキーワードとしてウェビングを行い，テーマやモチーフを考える。
4　テーマやモチーフが伝わるように，表現技法を1つ以上用いて詩を書く。
5　自分の表現技法の効果を確かめて詩を完成させ，解説文を添える。

問題作成のねらい

授業の概要 2で，表現技法の名称や効果をまとめたことを踏まえて，自分の詩の中でその効果を意識して用いているかどうかを評価するテスト問題を作成する。

2　テスト問題

> 問題　作成した詩のどの部分にどんな表現技法を用いたのか書きなさい。また，その効果を
> 　　具体的に書きなさい。

3　評価規準

・比喩，反復，倒置，体言止めなどの表現の技法を理解し使っている。　　　　　　　　　((1)オ)

4　解答例・解説

解答例

ア　表現技法：反復
イ　理由：けしゴムを使っていく様子を「どんどん　どんどん」という反復表現を用いること
　　　　　で，リズム感を出しました。また，「消していく」と「消せないもの」を比較できる
　　　　　ように対句の表現を用いました。

【生徒作品例】

> けしゴム
> わたしの体が小さくなる
> けれども
> あなたの心は大きくなる
> どんどん　どんどん
> 消していくけど
> どんどん　どんどん
> 消せないものも
> ふえていく

解説

・イの「けしゴムを使っていく様子を『どんどん　どんどん』という反復表現を用いる」という記述から「反復」という表現の技法が理解できており，正しく用いられている。また，「リズム感を出しました」や「比較できるように」など，効果まで考えていると見られるため，「おおむね満足できる」状況（B）と判断する。

5　学習評価アイデア

授業では，「さまざまな表現技法」で表現技法の名称と技法を結び付けてまとめた上で，「『野原はうたう』の二編の詩には，どの部分に，どのような表現技法が用いられているか探してみよう。」と発問する。

生徒が「おれはかまきり」において，「『おう　なつだぜ』と『おう　あついぜ』は，同じような言葉を並べているから反復」と表現した場合，表現技法の名称と技法が一致していないことが分かるため，「努力を要する」状況（C）と判断し，「反復の表現とは，どのような表現であるか教科書で確認してみよう。」と助言する。「さまざまな表現技法」を使用しながら，「同じ言葉を繰り返す方法」が「反復」であることを確認し，生徒が「対句」と修正し，理由に「『おう　なつだぜ』と『おう　あついぜ』は音数が同じで，それぞれが対応している」と述べた場合，「おおむね満足できる」状況（B）と判断する。

このように授業で取り組んだことを，自分で詩を創作するときに正しく使うことができるかを確認する。

2 「書くこと」の学習評価とテスト問題
思考・判断・表現

・教材名：「詩を作ろう」「野原はうたう」「さまざまな表現技法」（光村図書）
・単元名：表現技法の効果を確かめながら自分のイメージが伝わる詩を創作しよう
・時　間：5分

（髙橋　暖）

1　授業の概要と問題作成のねらい

授業の概要　全5時間

1　「野原はうたう」を読み，気になった表現や詩の特徴をまとめる。
2　表現技法の名称やその効果をまとめ，「野原はうたう」に使用されている表現技法を確認する。
3　「学校」をキーワードとしてウェビングを行い，テーマやモチーフを考える。
4　テーマやモチーフが伝わるように，表現技法を1つ以上用いて詩を書く。
5　自分の表現技法の効果を確かめて詩を完成させ，解説文を添える。

問題作成のねらい

　授業の概要5で，読み手の立場やより伝わる表現について考えたことを踏まえ，文章の表記や語句の用法などを確かめて文章を整える力を評価するテスト問題を作成する。

2　テスト問題

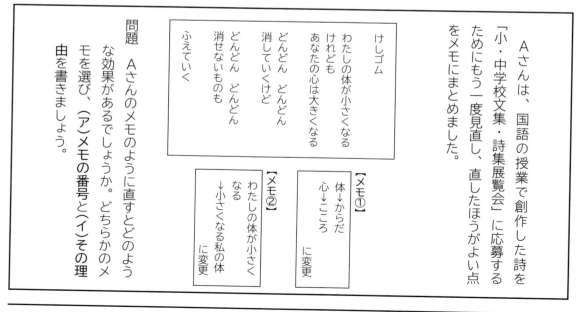

3　評価規準

・「書くこと」において，読み手の立場に立って，表記や語句の用法，叙述の仕方などを確かめて，文章を整えている。

（B⑴エ）

4　解答例・解説

解答例⑴

（ア）①　　（イ）理由：この詩を読む人は，小学生から大人まで幅広い年齢の人たちだと考えたこと，漢字よりひらがなで書くほうが詩全体のやわらかい印象をより与えられる効果があると思います。

解答例⑵

（ア）②　　（イ）理由：言葉の順序を入れ替えて，体言止めにすることで『体』という言葉を強調しようとしていると思います。

解説

・解答例⑴の「漢字よりひらがなで書くほうが詩全体のやわらかい印象をより与えられる」という記述は，表記の特徴を踏まえて考えることができているため，「おおむね満足できる」状況（B）と判断する。また，「小学生から大人まで幅広い年齢の人たち」という記述から，読み手を具体的に規定して考えを述べているため，「十分満足できる」状況（A）と判断する。

・解答例⑵の「言葉の順序を入れ替えて，体言止めにすることで『体』という言葉を強調しようとしている」という記述から，表現技法の特徴を踏まえて考えることができているため，「おおむね満足できる」状況（B）と判断する。

5　学習評価アイデア

　授業では，「表現技法の効果を確かめて，自分のイメージがよりよく伝わる表現を考えましょう。」と発問する。生徒は，自ら創作した詩に用いられている表現技法を見直し，新たに表現を変えたり，付け加えたりした意図を解説文に書く。それを，評価材料とする。

　例えば，生徒が解説文において「私は『どんどん　どんどん』という反復の表現がとても気に入っているので，そのままの表現にした。」と記述した場合，読み手の立場に立って表現を考えているかどうかあいまいであるため，「努力を要する」状況（C）と判断し，「自分のイメージが，読み手にはどのように伝わるかを考えてみよう。」と助言する。生徒が，「『どんどん　どんどん』と反復で表現することで，少しずつ進んでいく様子が読み手にも伝わりやすくなる。」と加筆修正した場合，「おおむね満足できる」状況（B）と判断する。

　このように，自分で書いた詩の推敲を通して，授業で身に付けた力を活用できるかどうかを確認する。

2 「書くこと」の学習評価とテスト問題
主体的に学習に取り組む態度

・教材名：「詩を作ろう」「野原はうたう」「さまざまな表現技法」（光村図書）
・単元名：表現技法の効果を確かめながら自分のイメージが伝わる詩を創作しよう
・時　間：10分

（髙橋　暖）

1　授業の概要と問題作成のねらい

授業の概要　全５時間

1　「野原はうたう」を読み，気になった表現や詩の特徴をまとめる。
2　表現技法の名称やその効果をまとめ，「野原はうたう」に使用されている表現技法を確認する。
3　「学校」をキーワードとしてウェビングを行い，テーマやモチーフを考える。
4　テーマやモチーフが伝わるように，表現技法を１つ以上用いて詩を書く。
5　自分の表現技法の効果を確かめて詩を完成させ，解説文を添える。

問題作成のねらい

1　**授業の概要**2で，学習した表現技法が用いられていることの効果を考え，用いたい表現技法とその理由を記述させることで，粘り強く表現について考えているかを評価する。
2　**授業の概要**5で，単元を振り返ることで文章の推敲について価値付けられているかを評価する。

2　テスト問題

問題１　自分の詩に用いてみたい表現技法とその理由を書きなさい。
問題２　用いた表現技法に触れながら，詩について解説文（こだわったところや変更したところ）を書きなさい。

3　評価規準

・粘り強く読み手に伝わる表現を考え，学習の見通しをもって自分のイメージが伝わる詩を書こうとしている。

（主体的に学習に取り組む態度）

4　解答例・解説

解答例

1　私は，倒置の表現技法を用いて詩を作成したい。その理由は，「野原はうたう」の「あしたこそ」でも「とんでいこう　どこまでも」の部分に用いられているように，言葉の順番を入れ替えることで印象的に表現できるからだ。

2　改めて自分で書いた詩を見直したときに，「どんどん　どんどん」の部分は反復と対句表現で少しずつ進んでいく様子が伝わると思ったので，そのままにしました。けしゴムの小さくなっていく姿を強調するために，言葉の順番を入れ替えて体言止めを用いました。また，「体」「心」を「からだ」「こころ」とひらがなで表記することで，よりやわらかい印象になるようにしました。

【生徒作品例】

〈修正後〉

けしゴム
小さくなるわたしのからだ
けれども
大きくなるあなたのこころ
どんどん　どんどん
消していくけど
どんどん　どんどん
消せないものも
ふえていく

←

〈修正前〉

けしゴム
わたしの体が小さくなる
けれども
あなたの心は大きくなる
どんどん　どんどん
消していくけど
消せないものも
ふえていく

解説

1　用いたい表現技法とその効果を「言葉の順番を入れ替えることで印象的に表現できる」と踏まえて理由が記述されているため，「おおむね満足できる」状況（B）と判断する。

2　自ら用いた表現技法に対して，「反復と対句表現で少しずつ進んでいく様子が伝わると思った」「小さくなっていく姿を強調するために，言葉の順番を入れ替えて体言止めを用い」たなど自分のイメージが伝わりやすくするために考えていると見られたため，「おおむね満足できる」状況（B）と判断する。また，例にはないが修正後に表現技法を用いない文に直し，「表現技法を用いない方が伝わるのでないか」という記述が見られた場合も，同様である。さらに，「『体』『心』を『からだ』『こころ』とひらがなで」という本単元以外での表記に関わる既習事項を踏まえて表現の工夫について考えていると見られるため，「十分満足できる」状況（A）と判断する。

5　学習評価アイデア

　授業では，「主体的に学習に取り組む態度」の評価場面を2回設定することで，自らの学習を調整したり，学習したことを価値付けたりする力を育成する。

　単元の半ばでは，形成的評価を行い，生徒の学習状況に応じたフィードバックを行う。表現技法を見つけられていても，その効果までの記述が見られない場合は「努力を要する」状況（C）とし，「表現技法を用いていない形式と比較して考えてみよう。」と助言を行う。助言により「意味を強める」「目立たせている」など気付くことができれば，効果に着目しているため，「おおむね満足できる」状況（B）と判断する。

3 「読むこと（説明文）」の学習評価とテスト問題
知識・技能

・教材名：「オオカミを見る目」（東京書籍）

・単元名：構造を説明するスライドを作ろう

・時　間：10分

（大山宏樹）

1　授業の概要と問題作成のねらい

授業の概要　全5時間

1　内容ごとに4つのまとまりに分け，段落ごとの内容や役割などをノートに書く。

2　「オオカミを見る目」の構造を説明するスライドを作る。

3　3人1組でスライドを見ながら構造の捉え方を確認し，必要に応じて加筆，修正する。

4　文章の構造と要旨とのつながりが適切なスライドを，学級全体で共有する。

5　この単元を通して説明的な文章の構造について考えたことを，自分の言葉でまとめる。

問題作成のねらい

　授業の概要1〜4で，問いと答え，原因と結果，意見と根拠など，情報と情報との関係を捉えたことを踏まえたテスト問題を作成する。授業で作成したスライドの内容を考え直すという場面設定にする。

2　テスト問題

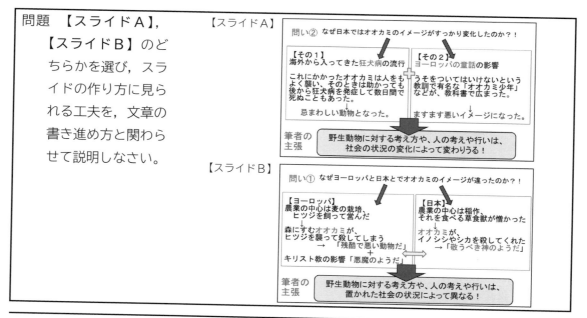

問題　【スライドA】，【スライドB】のどちらかを選び，スライドの作り方に見られる工夫を，文章の書き進め方と関わらせて説明しなさい。

3　評価規準

・原因と結果，意見と根拠など情報と情報との関係について理解している。 ((2)ア)

4　解答例・解説

解答例

　【スライドＡ】では，どのような原因があってオオカミに悪いイメージが付く結果になったかを，２通りの具体例を使って説明している。また，歴史的な事実とそれを踏まえた筆者の主張とのつながりが見えるようにしている。

解説

　情報と情報との関係について理解しているかを評価するために，教師は「おおむね満足できる」状況（Ｂ）の例を，教科書 p.68で示された「問いと答え」「原因と結果」「考えと根拠」「詳しい説明とまとめ」といった用語をキーワードにしながら想定する。解答例では，「原因」「結果」「事実」「主張」といった記述から，情報と情報との関係について理解できていると分かるため，「おおむね満足できる」状況（Ｂ）と判断する。

5　学習評価アイデア

　授業では，スライドを作る過程において「文章の構成の仕方が分かるように作ろう。」と発問する。例えば，「２　テスト問題」に示したスライドを作っている生徒が，【スライドＢ】において「ヨーロッパでは憎まれ，日本では敬われた」とだけ書いている場合，情報と情報との関係を捉えていないと考えられるため，「努力を要する」状況（Ｃ）と判断し，「どうしてそのような結果になったのか，原因を書き加えてみよう。」と助言する。そこから生徒が「ヨーロッパ…農業の中心は麦の栽培→ヒツジを襲うオオカミは残酷で悪魔／日本…農業の中心は稲作→稲を食べるイノシシやシカを殺してくれるオオカミは敬うべき神」のように修正した場合，原因と結果との関係を理解しているため，「おおむね満足できる」状況（Ｂ）と判断する。

　これに加えてこの生徒が，例えば，本論の中で挙げられている複数の具体例が結論における筆者の主張とどう関わっているかに着目し，その関係性を対照させながら【スライドＡ】と【スライドＢ】を作っている場合，筆者が意見と根拠とを関係付ける上で対比を繰り返し用いていることを理解できているため，「十分満足できる」状況（Ａ）と判断する。

3 「読むこと（説明文）」の学習評価とテスト問題
思考・判断・表現

- 教材名：「オオカミを見る目」（東京書籍）
- 単元名：構造を説明するスライドを作ろう
- 時　間：10分

（大山宏樹）

1 授業の概要と問題作成のねらい

授業の概要 全5時間

1　内容ごとに4つのまとまりに分け，段落ごとの内容や役割などをノートに書く。
2　「オオカミを見る目」の構造を説明するスライドを作る。
3　3人1組でスライドを見ながら構造の捉え方を確認し，必要に応じて加筆，修正する。
4　文章の構造と要旨とのつながりが適切なスライドを，学級全体で共有する。
5　この単元を通して説明的な文章の構造について考えたことを，自分の言葉でまとめる。

問題作成のねらい

授業の概要1～4で，段落ごとの内容や段落相互の関係，文章全体における役割を押さえながら，文章の中心的な部分と付加的な部分を捉えたことを踏まえたテスト問題を作成する。授業で作成したスライドの内容を考え直すという場面設定にする。

2 テスト問題

問題　次のような「序論」「本論①」「本論②」「結論」のスライドがあります。「本論②」のスライドの中に示した④，Bの内容は，必ずしも書かなくてよいと考えることができます。そう考えられる理由を，文章の内容と関わらせながら説明しなさい。（4つのスライドは生徒が作ったものを使用し，「本論②」については④，Bを加筆して問題とした。）

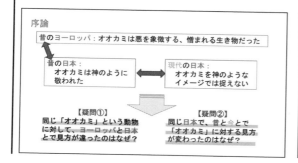

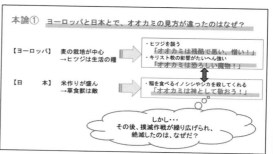

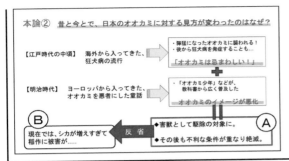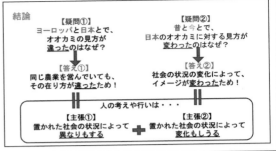

3 評価規準

・「読むこと」において，文章の中心的な部分と付加的な部分，事実と意見との関係などについて叙述を基に捉えている。

（C(1)ア）

4 解答例・解説

解答例

　本論②の話題の中心は，日本のオオカミに対する見方が変わった理由であり，その答えはスライドの中に表されている。ⒶとのⒷの内容はそこから先の話であり，どちらかといえば補足的な意味合いが強いため，必ずしも書かなくてよいと考えられる。

解説

　解答例では，「話題の中心」「補足的な意味合い」といった記述から，文章の構造を捉えることができていると分かるため，「おおむね満足できる」状況（B）と判断する。

5 学習評価アイデア

　授業では，スライドを作る過程において「文章の構成の仕方が分かるように作ろう。」と発問する。例えば，「2　テスト問題」に示したスライドを作っている生徒が「本論①」のスライドに「ヒツジを襲い，悪魔のよう」とだけ書いている場合，文章の構造に目を向けていないと考えられるため，「努力を要する」状況（C）と判断し，「ヨーロッパと日本とで，オオカミは，どう見られていたのかを，それぞれ書いてみよう。」と助言する。そこから生徒が「ヨーロッパ…麦の栽培が中心＝ヒツジを襲うオオカミは憎い悪魔／日本…米作りが盛ん＝稲を食べる草食獣を殺してくれるオオカミは神」のように修正した場合，段落ごとの内容や段落相互の関係を押さえているため，「おおむね満足できる」状況（B）と判断する。

　これに加えて，例えば，「本論②」のスライドで江戸時代に起きた出来事と明治時代に起きた出来事とを対比させながら書いたり，「結論」のスライドで疑問から主張までの流れを対照させながら書いたりしている場合，本論①と②が共通する論の進め方をしているという構造を捉えているため，「十分満足できる」状況（A）と判断する。

3 「読むこと（説明文）」の学習評価とテスト問題
主体的に学習に取り組む態度

- 教材名：「オオカミを見る目」（東京書籍）
- 単元名：構造を説明するスライドを作ろう
- 時　間：5分

（大山宏樹）

1　授業の概要と問題作成のねらい

授業の概要　全5時間

1　内容ごとに4つのまとまりに分け，段落ごとの内容や役割などをノートに書く。
2　「オオカミを見る目」の構造を説明するスライドを作る。
3　3人1組でスライドを見ながら構造の捉え方を確認し，必要に応じて加筆，修正する。
4　文章の構造と要旨とのつながりが適切なスライドを，学級全体で共有する。
5　この単元を通して説明的な文章の構造について考えたことを，自分の言葉でまとめる。

問題作成のねらい

　本単元では，一単位時間の終わりに，教師が振り返りの項目を示して振り返りシートに記述させることで，生徒が各時間における自らの学びを自覚したり，次時に向けて見通しをもったりすることを目指す。**授業の概要**2で，スライドを作る上で，段落ごとの内容や段落相互の関係に対して具体的にどのような意識やねらいをもちながら進めていったのかを言葉でまとめさせることで，個々の生徒の学習状況を確認する。

2　テスト問題

> 問題　第2時に，文章の構造を伝えるためのスライドを作る上で，工夫したことや意識したことを具体的に書きなさい。

【生徒が作ったスライドの例】

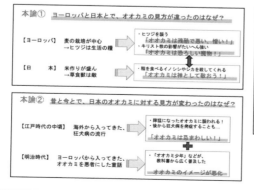

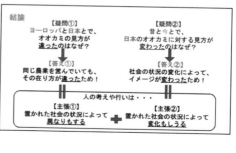

3 評価規準

・粘り強く文章の中心的な部分と付加的な部分や事実と意見などの関係を捉え，学習課題に沿って構造を説明するスライドを作ろうとしている。 （主体的に学習に取り組む態度）

4 解答例・解説

解答例

・何が話題になっていて，要するにどのようなことを伝えたいのかについて，筋道立てて説明できるように，問いを青で，答えを赤で示すことで，内容を整理した。
・「本論①」を，ヨーロッパの具体例と日本の具体例を並べる配置にして，農業の在り方の違いがオオカミに対する見方にどのような違いを生んだかを比較できるよう，工夫した。

解説

振り返りシートへの記述内容に基づいて評価する。個々の生徒がどのような意図をもっているかを見取ることが大切であるため，スライドの内容と振り返りの記述を見比べながら評価する。例えば，スライドを作っている生徒が「『本論①』のスライドにたくさん色を使うことで，見やすいようにした」と書いている場合，文章の構造に意識が向いていないと考えられるため，「努力を要する」状況（C）と判断し，「文章の構成の仕方が分かるようにするために，スライドの作り方へどのような工夫を凝らしましたか。」と問い返す。そこから生徒が解答例に示したように修正した場合，段落ごとの内容や段落相互の関係を押さえた上で文章の内容を構造的にスライドに表そうとしているため，「おおむね満足できる」状況（B）と判断する。さらに，例えば「それぞれのスライドの中で使う表現と配置を，いずれも対照させる形にした」「『結論』のスライドに改めて疑問を載せ直し，『本論』のスライドで述べた内容とのつながりが出るようにした」のように書いている場合，複数のスライド同士の関連性をもたせながら文章の構造を説明しようとしているため，「十分満足できる」状況（A）と判断する。

5 学習評価アイデア

授業では，他者に説明したり他者の考えを知ったりする場面を設定して，文章の構造に関する視点を広げさせるほか，以下の振り返りの観点を提示し，全体指導として生徒の振り返りの記述を教師が意図的に取り上げ，用語を用いて抽象化したり，着眼点を価値付けたりすることも効果的である。このように，テストだけでなく，単元全体の記述内容によって評価する。

授業の概要1	内容ごとのまとまりを見抜くコツは何か。
授業の概要2	この時間にスライドを作る上で工夫したことや意識したことは何か。
授業の概要3，4	他者と交流し，自分のスライドについて考え直したことは何か。
授業の概要5	この単元を通して，説明的な文章の構造について考えたことは何か。

「読むこと（文学）」の学習評価とテスト問題
知識・技能

・教材名：「オツベルと象」（教育出版）

・単元名：オツベルと白象の真意を考察する

・時　間：8分

（澤田詩織）

1　授業の概要と問題作成のねらい

授業の概要　全6時間

1　「オツベルと象」を読み，初発の感想を書く。必要に応じて語句の意味調べを行う。

2　登場人物を整理する。それぞれの人物に用いられている擬音語・擬態語をまとめる。

3　白象とオツベルの人物像をひと言で表し，人物像とその根拠について話し合う。

4　比喩表現に着目して，「第五日曜」における登場人物の心情を読み取る。

5　寂しく笑ったときの白象の真意を考察し，考察したことを学級全体で共有する。

6　「おや，川へはいっちゃいけないったら。」という文についてグループで考察し，考察したことを学級全体で共有する。

問題作成のねらい

　授業の概要3で，オツベルの人物像について話合いを行ったことを踏まえて，オツベルをひと言で表現するとともに，その根拠を本文に求めて書くことで事象や行為，心情を表す語句を増し，文章の中で使う力を評価するテスト問題を作成する。

2　テスト問題

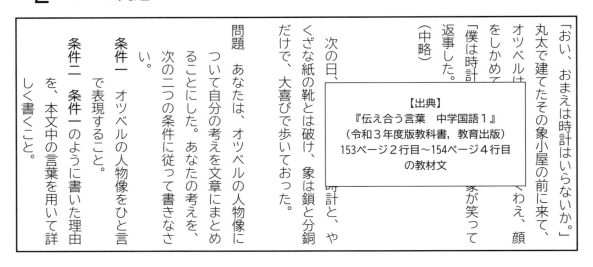

「おい、おまえは時計はいらないか。」

丸太で建てたその象小屋の前に来て、オツベルは顔をしかめて

「僕は時計返事した。

（中略）

次の日、くざな紙の靴の靴とは破け、象は鎖と分銅だけで、大喜びで歩いておった。

問題　あなたは、オツベルの人物像について自分の考えを文章にまとめることにした。あなたの考えを、次の二つの条件に従って書きなさい。

条件一　オツベルの人物像をひと言で表現すること。

条件二　条件一のように書いた理由を、本文中の言葉を用いて詳しく書くこと。

【出典】
『伝え合う言葉　中学国語1』
（令和3年度版教科書，教育出版）
153ページ2行目〜154ページ4行目
の教材文

3 評価規準

・事象や行為，心情を表す語句の量を増すとともに，語句の辞書的な意味と文脈上の意味との関係に注意して話や文章の中で使うことを通して，語感を磨き語彙を豊かにしている。

（(1)ウ）

4 解答例・解説

【解答例】

　オッベルは「ずるがしこい人」だと思う。なぜなら，素直な白象を言葉たくみにだまし，鎖や分銅をつけたからである。時計や靴を与えたのは，決して優しさではなく，その後に鎖と分銅をつけるためであり，重い鎖と分銅によって白象を弱らせ，自分の元から逃げられないようにするのが目的であったと考える。さらに，時計は「ブリキ」，靴は「張り子」という壊れやすい素材でできており，次の日には破けてしまっていることからも，時計と靴はただの口実であり，本当の目的ではないことが分かる。

【解説】

　オッベルの行為の真意を捉えた上で，心情を想像して適切に表現できている。また，「ブリキ」「張り子」という語句の辞書的な意味を正確に理解した上で，文脈上での働きに目を向けて根拠を述べることもできているため，「おおむね満足できる」状況（B）と判断する。さらに，「言葉たくみに」「決して〜ではなく」「ただの口実」などの言葉を使い，文章から導き出した語彙と自分の考えをより適切な言葉で表現しようとしていることが分かるため，「十分満足できる」状況（A）と判断する。

5 学習評価アイデア

　授業では，「オッベルの人物像をひと言で表現してみよう。」と発問する。

　生徒がオッベルを「ひどい」と表現し，理由を「白象が『時計はいらない』と言っているのに，無理やりあげているから」と述べた場合，「ひどい」という言葉のみでは具体性に欠けるため，「努力を要する」状況（C）と判断し，「オッベルがそうまでして時計をあげようとしたのはどうしてかを考えて，より具体的な言葉で表現してみよう。」と助言する。生徒が，人物像を「おそろしい」と修正し，理由を「時計を与えたのは重い鎖をつけるためで，白象を逃げられないようにしたかったから」と発言した場合，「おおむね満足できる」状況（B）と判断する。

4 「読むこと（文学）」の学習評価とテスト問題 思考・判断・表現

- 教材名：「オツベルと象」（教育出版）
- 単元名：オツベルと白象の真意を考察する
- 時　間：10分

（澤田詩織）

1　授業の概要と問題作成のねらい

授業の概要　全6時間

1　「オツベルと象」を読み，初発の感想を書く。必要に応じて語句の意味調べを行う。

2　登場人物を整理する。それぞれの人物に用いられている擬音語・擬態語をまとめる。

3　白象とオツベルの人物像をひと言で表し，人物像とその根拠について話し合う。

4　比喩表現に着目して，「第五日曜」における登場人物の心情を読み取る。

5　寂しく笑ったときの白象の真意を考察し，考察したことを学級全体で共有する。

6　「おや，川へはいっちゃいけないったら。」という文についてグループで考察し，考察したことを学級全体で共有する。

問題作成のねらい

　授業の概要5において，「第五日曜」の終末で白象が寂しく笑った理由を，他の場面や描写を根拠にしながら考察したことを踏まえて，白象の言動の意味を「第一日曜」や「第二日曜」の描写と結び付けて解釈することができるかどうかを評価するテスト問題を作成する。

2　テスト問題

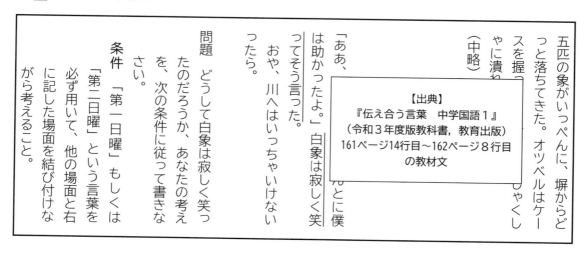

五匹の象がいっぺんに、塀からどっと落ちてきた。オツベルはケースを握□□□□□□□□□□□□□□□□やにに潰れ□

（中略）□□□□□□□□□□□□□しゃくし

【出典】
『伝え合う言葉　中学国語1』
（令和3年度版教科書，教育出版）
161ページ14行目〜162ページ8行目
の教材文

「ああ、は助かったよ。」□□□□□□とに僕ってそう言った。
おや、川へはいっちゃいけないったら。」白象は寂しく笑った。

「ああ、は助かったよ。」ってそう言った。
おや、川へはいっちゃいけないったら。

問題　どうして白象は寂しく笑ったのだろうか、あなたの考えを、次の条件に従って書きなさい。

条件　「第一日曜」もしくは「第二日曜」という言葉を必ず用いて、他の場面と右に記した場面を結び付けながら考えること。

3 評価規準

・「読むこと」において，目的に応じて必要な情報に着目して要約したり，場面と場面，場面と描写などを結び付けたりして，内容を解釈している。 (C(1)ウ)

4 解答例・解説

解答例

「第二日曜」には「象は鎖と分銅だけで，大喜びで歩いておった。」とあり，白象がオツベルのことを疑っていないことが分かる。また，「僕はぜんたい森へ行くのは大好きなんだ。」と言って愉快なふうに歩き出す場面からは，白象の言葉に「森へ逃げてしまおう」などの他意はなく，思ったことをそのまま伝える素直な性格であることが分かる。「第五日曜」の白象の手紙を見ると「みんなで出てきて助けてくれ。」とあり，オツベルをやっつけてほしいとは頼んでいないし，白象の性格を踏まえると，そう思ってもいないと考えられる。したがって，助かることだけが目的だった白象は助けてもらってうれしかったが，潰れてしまったオツベルに同情したから寂しく笑ったのだと思う。

解説

「第二日曜」の描写から考察した白象の性格と，「第五日曜」での手紙の言葉を結び付けて，「寂しく」の理由と「笑った」理由をそれぞれ解釈することができているため，「おおむね満足できる」状況（B）と判断する。さらに，「第二日曜」の場面で白象が森に帰ってしまうのではないかと危惧するオツベルに対し，言葉どおり愉快に森へ向かう白象の描写は，手紙の言葉に他意はないという主張を強く裏付けるものになっている。また，複数の描写を根拠に挙げ，自分なりに文章をより詳細に解釈しているため，「十分満足できる」状況（A）と判断する。

5 学習評価アイデア

授業では，「白象が寂しく笑った理由を考える際には，他の場面や描写と結び付けて考察しよう。」と発問する。例えば，生徒が「山の象たちが助けてくれたことがうれしかったから笑った。」と記述した場合，他の場面と結び付けなかったことによって「寂しく」の理由を解釈できていないと分かるため，「努力を要する」状況（C）と判断し，「ただ笑ったのではなく，寂しく笑った理由を他の場面から考えてみよう。」と助言する。生徒が，「手紙ではオツベルをやっつけてほしいとは頼んでいないのにオツベルが潰れてしまい，白象が望んだ結果にならなかったから。」と加筆した場合，「おおむね満足できる」状況（B）と判断する。

このように授業では「第五日曜」のみの描写を根拠にすることも考えられるが，テストでは根拠に「第一日曜」か「第二日曜」の描写を必ず取り入れさせ，他の場面と終末の描写がどのように結び付くか考えることを通して，身に付けた力を活用できるかどうかを確認する。

第1学年

 4 「読むこと（文学）」の学習評価とテスト問題
主体的に学習に取り組む態度

・教材名：「オツベルと象」（教育出版）

・単元名：オツベルと白象の真意を考察する

・時　間：12分

（澤田詩織）

1　授業の概要と問題作成のねらい

授業の概要　全6時間

1　「オツベルと象」を読み，初発の感想を書く。必要に応じて語句の意味調べを行う。

2　登場人物を整理する。それぞれの人物に用いられている擬音語・擬態語をまとめる。

3　白象とオツベルの人物像をひと言で表し，人物像とその根拠について話し合う。

4　比喩表現に着目して，「第五日曜」における登場人物の心情を読み取る。

5　寂しく笑ったときの白象の真意を考察し，考察したことを学級全体で共有する。

6　「おや，川へはいっちゃいけないったら。」という文についてグループで考察し，考察したことを学級全体で共有する。

問題作成のねらい

授業の概要3〜5の人物像や登場人物の心情を読み取る活動の中で，粘り強く考察しようとしているか，他者の意見を踏まえて自らの学習を調整し，考察を深めようとしているかを評価していく。そして，単元末の**授業の概要**6において，終末の一文についての考察を記述することを通して，これまで学習してきたことを自分なりに価値付けられているかを評価するテスト問題を作成し，前時までの評価と併せて「主体的に学習に取り組む態度」の評価とする。

2　テスト問題

問題　終末の一文は，誰から誰へ言った言葉だと考えますか。自分の考察を，これまでの授業で学んだことや，グループで話し合ったことを踏まえて詳しく説明しなさい。

3　評価規準

・積極的に場面と場面，場面と描写などを結び付けながら文章を読み，これまでの学習を生かして内容を解釈しようとしている。

（主体的に学習に取り組む態度）

4 解答例・解説

解答例

　グループで考察した際，これが誰の言葉であるかは「仲間の象」と「牛飼い」の二つの意見が出た。仲間に助けられた白象が山へ帰るときに，痩せた白象がふらふらと川の方へ歩いてしまうと危険だという思いで仲間が声を掛けたと考えると，「第五場面」の話と自然につながると思う。しかし，「仲間の象」や他の登場人物の台詞には，ここまでの場面で必ず鍵括弧が付いているため，この一文のように地の文で語っているのは，「牛飼い」しか考えられない。私は，「おや，川へはいっちゃいけないったら。」は語り手である「牛飼い」から話を聞いている子どもへ掛けた言葉だと考える。また，授業でこの話の全ては「牛飼い」の視点を通して語られていることを学んだため，終末の一文も「牛飼い」の言葉だと考察する。白象が助けられた場面で話が終わり，「牛飼い」の話を聞き終えた子どもが近くの川で遊ぼうとしたのに対し，危険だと諭すために言ったのではないだろうか。また，川で遊ぶという行動から，「牛飼い」の話を聞いているのは子どもであると想像した。このように考えると「第一日曜」「第二日曜」の終末のように，「牛飼い」の思いが語られずに，白象が助けられたところで急に終わっていることも，つじつまが合うと考える。宮沢賢治は，この話が語られている状況を表現するために，この一文を入れたのではないだろうか。

解説

　「この話の全ては『牛飼い』の視点を通して語られていることを学んだ」という記述から，これまでの学習を生かしながら終末の一文の意味を考えようとしていることが分かる。また，鍵括弧の有無や他の場面の終末の表現を取り上げていることからは，積極的に複数の場面を結び付けようとする意識が見られるため，「おおむね満足できる」状況（B）と判断する。さらに，グループでの話合いで挙げられた意見を取り上げつつ，自分の意見の整合性を図ろうとし，他者との関わりの中で自らの学習を望ましい方向へ向かわせようとする意識が見られるため，「十分満足できる」状況（A）と判断する。

5 学習評価アイデア

　単元末の活動として，終末の一文についてグループでの話合いを行い，その後に「主体的に学習に取り組む態度」を評価するテストを行うことで，他者との関わりの中で自らの学習を調整したり，学習したことを価値付けたりする力を評価する。

　終末の一文は様々な解釈が考えられるが，想像を膨らませるだけにならないよう，本単元で重点としていた「場面と場面，場面と描写などを結び付ける」ことを行いながら考察するよう促す。また，話合いの内容を踏まえて記述させることで，他者との協働を通じて，自分の思考の変化や深まりを客観的に捉えさせる。

5 「古典」の学習評価とテスト問題
知識・技能

・教材名：「物語の始まり——竹取物語——」（教育出版）
・単元名：竹取物語の不思議な場面を説明する
・時　間：5分

（米田真琴）

1　授業の概要と問題作成のねらい

授業の概要　全4時間

1　ICT教材 eboard（イーボード）で「いろは歌」を用いて歴史的仮名遣いのきまりを学習し「竹取物語」の冒頭を音読練習する。Google Forms で CBT（Computer Based Testing：コンピュータ上で行うテスト）に取り組む。

2　「竹取物語」の冒頭以外の場面を読む。描写に着目し，「不思議である」という観点で場面を選ぶ。

3　前時で選んだ場面について，竹取物語の不思議さを説明する文章を書く。

4　書いたことを学級全体で共有する。

問題作成のねらい

　授業の概要1で歴史的仮名遣いのきまりを学習し，音読に必要な文語のきまりを理解しているか，また，音読練習を通して身に付けた古典特有のリズムについて評価するテスト問題を作成する。

2　テスト問題

問題1　次の傍線部を現代仮名遣いに直し，全てひらがなで書きなさい。
　　　　今は昔，竹取の翁と<u>いふ</u>者ありけり。

問題2　次の文を言葉の意味を考えて音読する際，区切り線（／）を2つ書き入れなさい。
　　　　いとうつくしうてゐたり。

3　評価規準

・音読に必要な文語のきまりや訓読の仕方を知り，古文や漢文を音読し，古典特有のリズムを通して，古典の世界に親しんでいる。

（(3)ア）

4 解答・解説

【解答】

1　いうもの　　2　いと／うつくしうて／ゐたり。

【解説】

・1，2とも古文の音読に必要な知識であり，どちらも答えられることにより「おおむね満足できる」状況（B）と判断する。

5 学習評価アイデア

　授業では，歴史的仮名遣いのきまりを確認したあと，「竹取物語」の冒頭を繰り返し音読練習する。古典の言葉が理解できないまま，音声化しているだけのように思える生徒は，「努力を要する」状況（C）と判断し，現代語訳と照らし合わせながら，言葉のまとまりを確認し，「／」記号を入れさせた上で音読練習をさせる。また，授業の後半に下図のようなCBTを実施し，解答結果を見てフィードバックする。正答できていない場合には「努力を要する」状況（C）と判断し，歴史的仮名遣いのきまりのどの部分でつまずいているかを確認して補足説明を行う。CBTを繰り返し解答できるように設定しておくと，生徒は授業後も同じ問題に取り組むことができる。CBTで繰り返し取り組むことにより全て正答できるようになった生徒は，「おおむね満足できる」状況（B）と判断する。

　また，毎時間の冒頭5分間をチャレンジタイムとして設け，冒頭だけではなく，教科書に掲載されている他の章段も積極的に音読練習してもよいこととし，チャレンジしたい生徒の音読を聞き，他の章段も音読することができていれば，「十分満足できる」状況（A）と判断する。

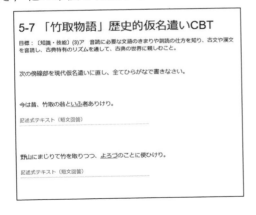

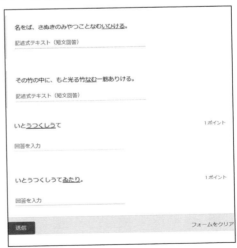

〈参考文献〉中川一史・北海道教育大学附属函館中学校（2023）『1人1台端末活用のミライを変える！BYOD／BYAD入門』明治図書，pp.40-41／ICT教材 eboard　https://info.eboard.jp

5 「古典」の学習評価とテスト問題
思考・判断・表現

・教材名：「物語の始まり——竹取物語——」（教育出版）
・単元名：竹取物語の不思議な場面を説明する
・時　間：5分

（米田真琴）

1　授業の概要と問題作成のねらい

授業の概要　全4時間

1　ICT教材 eboard（イーボード）で「いろは歌」を用いて歴史的仮名遣いのきまりを学習し「竹取物語」の冒頭を音読練習する。Google Forms で CBT（Computer Based Testing：コンピュータ上で行うテスト）に取り組む。

2　「竹取物語」の冒頭以外の場面を読む。描写に着目し，「不思議である」という観点で場面を選ぶ。

3　前時で選んだ場面について，竹取物語の不思議さを説明する文章を書く。

4　書いたことを学級全体で共有する。

問題作成のねらい

　授業の概要3で選んだ場面について考えたことを踏まえて，「蓬莱の玉の枝」の場面について，描写を基に読む力を評価するテスト問題を作成する。

2　テスト問題

問題　本文は、かぐや姫に求婚をして難題を出されたくらもちの皇子が、実際には存在しない蓬莱の玉の枝を見つけたと、偽りの苦心談を語っている場面です。

（一）くらもちの皇子が、本当に蓬莱山に行ったかのように表現している描写を書き抜きなさい。

（二）（一）で選んだ描写があることで、くらもちの皇子のどのような心情を捉えることができますか。描写の特徴を踏まえて説明しなさい。

「その山は、見ると、（険しくて）全く登れそうもありません。その山の斜面の裾を回ってみると、見たこともない木々が立っています。金色の、銀色の水が、山から、さまざまに流れ出ています。その辺りに、色の玉ででき上がった橋がかかっています。その中で、たいそう見りに光り輝く木があります。（中略、これがかぐや姫がここに取って来いとおっしゃったものに、やや見劣りするものではいけないと思って、）この花を折ってまいったのです。」

【出典】
『伝え合う言葉　中学国語1』
（令和3年度版教科書，教育出版）
297ページ下段7行目〜18行目
の教材文

3　評価規準

・「読むこと」において，場面の展開や登場人物の相互関係，心情の変化などについて，描写を基に捉えている。

（C(1)イ）

4　解答例・解説

`解答例`

（一）　金色，銀色，瑠璃色の水が，山から流れ出ています。

（二）　実際には行っていない蓬莱山について，色彩語を用いて言葉巧みに説明していることから，くらもちの皇子の必死な思いを捉えることができる。

`解説`

・（一）で問題文に指定されている描写を書き抜くことができており，（二）で描写を基に登場人物の心情を具体的に捉えることができているため，「おおむね満足できる」状況（B）と判断する。

5　学習評価アイデア

　授業では，「竹取物語の不思議さが伝わる描写を探し，説明してみよう。」と発問する。

　例えば，生徒が自分で描写を探すことができない，または，不思議さとは関連しない描写を選んでいる際には，描写を基に場面を読み取れていないことが分かるため，「努力を要する」状況（C）と判断し，「現実世界との違いを感じさせる部分はどこにあるだろう。」と助言する。その後，「三か月くらい過ぎた頃には，一人前の大きさの人になった」等，不思議さが感じられる描写を探すことができた場合，描写から物語の展開を踏まえることができていることが分かるため，「おおむね満足できる」状況（B）と判断する。さらに，生徒が，他の場面からも探すことができた場合，複数の視点から捉えることができているため，「十分満足できる」状況（A）と判断する。

　テスト問題では，教科書の補助教材として位置付けられている「蓬莱の玉の枝」の場面から出題する。授業では現代語訳とあらすじを確認し，身に付けた力を活用して読むことができるかどうかを評価する。

5 「古典」の学習評価とテスト問題
主体的に学習に取り組む態度

・教材名:「物語の始まり——竹取物語——」(教育出版)
・単元名:竹取物語の不思議な場面を説明する
・時　間:問題1　5分/問題2　10分

(米田真琴)

1 授業の概要と問題作成のねらい

授業の概要　全4時間

1 ICT教材 eboard(イーボード)で「いろは歌」を用いて歴史的仮名遣いのきまりを学習し「竹取物語」の冒頭を音読練習する。Google Forms で CBT(Computer Based Testing:コンピュータ上で行うテスト)に取り組む。

2 「竹取物語」の冒頭以外の場面を読む。描写に着目し,「不思議である」という観点で場面を選ぶ。

3 前時で選んだ場面について,竹取物語の不思議さを説明する文章を書く。

4 書いたことを学級全体で共有する。

問題作成のねらい

1 **授業の概要**1の学習のあと,歴史的仮名遣いのきまりや古文特有のリズムを理解するためにどのように学習に取り組んだかを記述させることで,自らの学習の調整ができているかを評価する。

2 **授業の概要**4の終末で単元を振り返ることで,描写に着目して読むことでどのようなことを捉えることができたのかなど,自分で学習を価値付けられているかを評価する。

2 テスト問題

問題1　歴史的仮名遣いのきまりを理解したり,古文特有のリズムに気を付けて音読できたりするようになるために,あなたが工夫した学習方法を具体的に書きなさい。

問題2　本単元で,「描写」について考えたことで,分かったことやできるようになったことはどのようなことか。単元中に書いた振り返りと比較しながら書きなさい。

---

3 評価規準

・粘り強く音読に必要な文語のきまりを知ったり,描写を基に場面の展開について考えたりし

ながら，学習の見通しをもって古典作品についての自分の考えを説明しようとしている。

（主体的に学習に取り組む態度）

4　解答例・解説

解答例

1　歴史的仮名遣いは，CBT に繰り返し取り組むことで理解することができた。また，音読練習を5回したあと，友達に音読を聞いてもらうことでリズムや読み方を確かめることができた。

2　今回の単元では，描写に着目して読むことで竹取物語の不思議さについて説明することができた。もともとかぐや姫の話は知っていたので内容はすぐに理解できたが，改めて描写に注目してみると，読者を物語に引き込むような不思議な場面が描かれており，文章を読むことを通して竹取物語の面白さを実感することができた。

解説

1　「CBT に繰り返し取り組む」や「友達に音読を聞いてもらう」という記述は，単元を通して身に付けたい力をどのようにして身に付けたかを具体的に書いているため，「おおむね満足できる」状況（B）と判断する。さらに，実際にその学習方法によって仮名遣いや古典のリズムを理解し，毎時間の冒頭5分間のチャレンジタイムで，竹取物語冒頭以外の章段の音読にも挑戦している場合には，「十分満足できる」状況（A）と判断する。

2　「描写」という学習用語を用いて学習内容を説明していることから，本単元の目標である描写を基に読み取る学習に取り組もうとしているため，「おおむね満足できる」状況（B）と判断する。さらに，「改めて描写に注目してみると，読者を物語に引き込むような不思議な場面が描かれており，文章を読むことを通して竹取物語の面白さを実感することができた」という記述は，物語の内容理解に留まらず，粘り強く描写に着目して学習に取り組んだことで作品の特徴や古典作品の面白さにも気付こうとしたことができていることが分かるため，「十分満足できる」状況（A）と判断する。

5　学習評価アイデア

　本単元では，我が国の言語文化に興味をもち，進んで音読したり描写に着目して内容を捉えたりすることに重点をおいている。

　授業では，「主体的に学習に取り組む態度」の評価場面を，歴史的仮名遣いについて学んだ1時間目と，単元末の4時間目のあとの2回を設定する。「知識・技能」と「思考・判断・表現」それぞれに関連して学習したことを，単元を通して調整したり，価値付けたりする力を育成する。

Chapter3

第2学年
テスト問題＆
学習評価アイデア

3

1 「話すこと・聞くこと」の学習評価とテスト問題 知識・技能

・教材名：「立場を尊重して話し合おう」（光村図書）

・単元名：自分の話合いチェックリストを作ろう

・時　間：5分

（牧野太輝）

1　授業の概要と問題作成のねらい

授業の概要　全3時間

1　異なる立場や考えに基づいて結論を導く話合い活動を動画で記録する。

2　1の動画を見て，異なる立場や考えについて想定したり配慮したりしている発言や一定の結論に向かって考えをまとめている発言に注目し，気付いたことをノートに書く。

　　ノートに書いた内容について話合いを行ったグループで共有し，なぜそのような発言をしたのか，よりよい話合いをするためには，どの場面でどのような発言をすることが考えられたかについて検討し合う。その内容を学級全体で共有する。

3　授業を振り返り，自分が話合いに臨む際に大切にしたいことについてチェックリストの形でまとめる。

問題作成のねらい

　授業の概要2や3で，話合いを円滑に進めるための言葉の働きに着目して考えたことを踏まえて，他者の話合いの様子を聞き，相手の行動を促す言葉を捉える力を評価するテスト問題を作成する。なお，話の抑揚や強弱，間の取り方などの話し言葉の特徴を生かすために音声放送を聞いて答える形式で実施することも効果的である。

2　テスト問題

議題　「誰もが安心してエスカレーターに乗るために」

佐藤：皆さんがエスカレーターに乗るときに気にかけていることはありますか。

川村：「エスカレーターでは片側を開けずに両側にお立ちください」というポスターを見て，安全に乗るために片側に立つことはよくないと知りました。けれども，実際に駅に行くとみんな片側に並んでいますよね。誰も並んでいない方に立つのは勇気がいります。

村上：私はエスカレーターの片側を歩く人にぶつかられて危険な思いをしたことがあります。勇気がいるという考えも分かるので，少なくともエスカレーターを歩くことを禁止すべきだと思います。

内山：歩く人がいて怖いというのは私もよく感じています。それがなくなるだけでもいいかもしれませんね。

川村：実際にエスカレーターでの歩行を禁止する条例を施行している自治体もあるようです。それによって実際に歩く人は減少したそうですね。

佐藤：しかし，歩行を禁止すると，エスカレーターの片側だけに人が集中して混雑する原因になるということはないでしょうか。

村上：たしかに，両側に立ったときの二倍の時間がかかりそうですね。

問題　——部の発言を行った佐藤さんはどのような意図で発言を行ったと考えられるか。「ないでしょうか」という言葉で話し終えていることに触れながら書きなさい。

3　評価規準

・言葉には，相手の行動を促す働きがあることに気付いている。 ((1)ア)

4　解答例・解説

`解答例`

　エスカレーターでの歩行を禁止することのデメリットを伝え，「ないでしょうか。」という言い方で呼びかけることで対応策や他のアイデアについて考えることを促している。

`解説`

・佐藤さんの発言において，歩行を禁止することで生じるデメリットを想定して示していることを聞き取ることができている。また，佐藤さんが疑問の形で相手に問い掛けていることに相手の行動を促す働きがあることに気付いているため，「おおむね満足できる」状況（B）と判断する。

5　学習評価アイデア

　授業では，本問題のような話合いの様子を動画で記録したものを示し，「話合いを円滑に進める発言を取り上げ，よいと思う部分や改善できる部分を説明しよう。」と発問する（以下，「2　テスト問題」の話合いを例に説明する）。

　例えば，生徒Aが「実際に駅に行くとみんな片側に並んでいますよね」という発言を取り上げ，「最初の発言なので，他の人にとって身近な例を呼びかけながら提示することで考えを引き出そうとしている。また，自分の感じ方が他の人と合っているかを確かめることにも役立っている。」と説明した場合，話合いの序盤において呼びかけを用いることが発言を促すことにつながっていることに気付いていることが分かるため，「おおむね満足できる」状況（B）と判断する。さらに，「自分の感じ方が他の人と合っているかを確かめることにも役立っている。」という部分からは，話し合う相手の言外の思いを言葉の働きに着目して気付いていることが分かるため，「十分満足できる」状況（A）と判断する。

　取り上げる発言を決められない生徒は，「努力を要する」状況（C）と判断し，「あなたや他の人の発言が別の人に認められたと感じた場面はありましたか。」と問い掛け，動画を振り返らせる。生徒Bが，「村上さんが発言したあとに，内山さんが『それがなくなるだけでもいいかもしれませんね』と言っていた。『いいかも』，『〜ね』と言ってくれたことで村上さんも安心できるだろう。」と説明した場合，言葉の働きに着目しているため，「おおむね満足できる」状況（B）と判断する。

「話すこと・聞くこと」の学習評価とテスト問題
思考・判断・表現

・教材名：「立場を尊重して話し合おう」（光村図書）

・単元名：自分の話合いチェックリストを作ろう

・時　間：5分

（牧野太輝）

1 授業の概要と問題作成のねらい

授業の概要　全3時間

1　異なる立場や考えに基づいて結論を導く話合い活動を動画で記録する。

2　1の動画を見て，異なる立場や考えについて想定したり配慮したりしている発言や一定の結論に向かって考えをまとめている発言に注目し，気付いたことをノートに書く。

　ノートに書いた内容について話合いを行ったグループで共有し，なぜそのような発言をしたのか，よりよい話合いをするためには，どの場面でどのような発言をすることが考えられたかについて検討し合う。その内容を学級全体で共有する。

3　授業を振り返り，自分が話合いに臨む際に大切にしたいことについてチェックリストの形でまとめる。

問題作成のねらい

授業の概要2や3で「異なる立場や考えについて尊重しながら話し合う」ことや「結論を導くために考えをまとめる」ことについて考えたことを踏まえて，他者の話合いの様子を聞き，異なる立場や考えについて尊重する発言を捉える力を評価するテスト問題を作成する。教員同士による話合いを記録した音声や映像を活用した出題も考えられる。

2 テスト問題

議題「誰もが安心してエスカレーターに乗るために」

佐藤：皆さんがエスカレーターに乗るときに気にかけていることはありますか。

川村：「エスカレーターでは片側にお立ちください」というポスターを見て，安全に乗るために片側に立つことはよくないと知りました。けれども，実際に駅に行くとみんな片側に並んでいますよね。誰も並んでいない方に立つのは勇気がいります。

村上：①私はエスカレーターの片側を歩く人にぶつかられて危険な思いをしたことがあります。勇気がいるという考えも分かるので，少なくともエスカレーターを歩くことを禁止すべきだと思います。

内山：②歩く人がいて怖いというのは私もよく感じています。それがなくなるだけでもいいかもしれませんね。

川村：実際にエスカレーターでの歩行を禁止する条例を施行している自治体もあるようです。それによって実際に歩く人は減少したそうですね。

佐藤：④しかし，歩行を禁止すると，エスカレーターの片側だけに人が集中して混雑する原因になるということはないでしょうか。

村上：たしかに，両側に立ったときの二倍の時間がかかりそうですね。

問題　――部①～④の発言について説明したものとして最も適切なものを，次の1〜4の中から一つ選びなさい。

1　――部①は，自分の体験を伝えた上で，直前の川村さんの考えも取り入れた意見を述べている。

2　――部②は，直前の村上さんの考えに対する見解を伝え，別の観点からの発展させた意見を述べている。

3　――部③は，直前の内山さんの考えに対立する事例を紹介し，反論する意見を述べている。

4　――部④は，直前の川村さんの意見を言い換えたあと，賛成する意見を述べている。

3 評価規準

・「話すこと・聞くこと」において，互いの立場や考えを尊重しながら話し合い，結論を導く
　ために考えをまとめている。 (A(1)オ)

4 解答・解説

解答

1

解説

・――部①は，自分の体験を伝えた上で，直前の川村さんの考えも取り入れた意見を述べてい
　る。
　　直前に川村さんが体験を基に話した「誰も並んでいない方に立つのは勇気がいります」と
　いう発言を受け，村上さんも自分の体験を伝えた上で両方の考えを取り入れた意見を述べて
　いる。これを選択した生徒は，立場や考えを尊重しながら話し合う工夫を捉えているため，
　「おおむね満足できる」状況（B）と判断する。
・「結論を導くために考えをまとめる」ことができるかを見るために，「これまでの話合いを踏
　まえて，議題に対する考えをまとめます。あなたならこの話合いに続けてどのように話しま
　すか。」という問題を作成することも考えられる。

5 学習評価アイデア

　授業では，本問題のような話合いの様子を動画で記録し，「異なる立場や考えを捉えて話し
ているところを取り上げ，よいと思う部分を説明しよう。」と発問する（以下，「2　テスト問
題」を例に説明する）。
　例えば，生徒が「②歩く人がいて怖いというのは私もよく感じています。それがなくなるだ
けでもいいかもしれませんね。」という発言を取り上げ，「直前の村上さんの体験に対する見解
を伝え，別の観点からの発展させた意見を述べている。」と説明した場合，立場や考えを捉え
ながら話し合うことができていないと分かるため，「努力を要する」状況（C）と判断し，「内
山さんは村上さんの発言をどのように受け止めていますか。」と助言する。生徒が，「内山さん
は村上さんに共感していることを伝え，それを理由として相手の考えに賛成している。」と説
明した場合，「おおむね満足できる」状況（B）と判断する。また，「それを理由として」とい
う発言からは内山さんが意見を述べる際の情報の扱い方についても考えていることが分かるた
め，「十分満足できる」状況（A）と判断する。

1 「話すこと・聞くこと」の学習評価とテスト問題 主体的に学習に取り組む態度

・教材名：「立場を尊重して話し合おう」（光村図書）
・単元名：自分の話合いチェックリストを作ろう
・時　間：問題1　5分／問題2　5分

（牧野太輝）

1 授業の概要と問題作成のねらい

授業の概要　全3時間

1　異なる立場や考えに基づいて結論を導く話合い活動を動画で記録する。
2　1の動画を見て，異なる立場や考えについて想定したり配慮したりしている発言や一定の結論に向かって考えをまとめている発言に注目し，気付いたことをノートに書く。
　　ノートに書いた内容について話合いを行ったグループで共有し，なぜそのような発言をしたのか，よりよい話合いをするためには，どの場面でどのような発言をすることが考えられたかについて検討し合う。その内容を学級全体で共有する。
3　授業を振り返り，自分が話合いに臨む際に大切にしたいことについてチェックリストの形でまとめる。

問題作成のねらい

1　**授業の概要**2で自分の話合いを振り返ったあと，他者と共有する活動でどんなことを学んだり知ったりしたいかを記述することで，自らの学習の調整ができているかを評価する。
2　**授業の概要**3のあとで，今後の学習や生活の中で生かせそうなことについて記述することを通して，単元の学習を自分なりに価値付けているかを評価する。

2 テスト問題

問題1　次時（**授業の概要**3）の全体共有で，効果的な話合い方としてどんなことを取り上げたいですか。具体的に書きなさい。

問題2　自分の「話合いチェックリスト」の項目のうち，今後の学習や生活の中で特に生かしたいと考えるのはどのようなことですか。具体的な場面を想定して書きなさい。

---

3 評価規準

・進んで互いの立場や考えを尊重しながら話し合い，学習課題に沿って自分の参加の仕方につ

いて考えようとしている。

4 解答例・解説

解答例

1　私は話合いで他の人の考えを整理しながら聞くことはできていると思うが，結論に向けて
まとめ上げていくところでは活躍できなかった。今回の話合いで皆の考えをまとめてくれた
人がどのようなことを考えていたかを知りたい。

2　「話題に対する参加者の立場を早めに確認する」という項目をチェックリストに入れた。
動画の話合いでは，違う考えをもっていると思っていた人同士が同じ立場から意見を言って
いることがあった。このようなすれ違いはそれぞれのこだわりや価値観が表れやすい学級会
や道徳での話合いで起こりやすいと思うので気を付けたい。

解説

1　「今回の話合いで皆の考えをまとめてくれた人がどのようなことを考えていたかを知りた
い」という記述では，自分の課題を見出し，改善に向けて注目したい他者の話合い方を具体
的に想定しているため，「おおむね満足できる」状況（B）と判断する。さらに，「話合いで
他の人の考えを整理しながら聞くことはできていると思う」と「結論に向けてまとめ上げて
いくところでは活躍できなかった」という記述は，話合いの展開に着目して自分の課題を細
やかに明らかにしていると考えられ，「十分満足できる」状況（A）と判断する。

2　「このようなすれ違いはそれぞれのこだわりや価値観が表れやすい学級会や道徳での話合
いで起こりやすいと思う」という記述では，単元の学習と他教科・他領域の学習のつながり
を具体的に想定することで，単元の学習を価値付けているため，「おおむね満足できる」状
況（B）と判断する。さらに，「違う考えをもっていると思っていた人同士が同じ立場から
意見を言っていることがあった」という記述からは，話合いで経験した具体的な場面と日常
生活での経験を結び付けており，話合いの性質を捉える点で深まりがあると考えられ，「十
分満足できる」状況（A）と判断する。

5 学習評価アイデア

　自らの言語活動について振り返りを行う授業では，「主体的に学習に取り組む態度」の学習
を調整する側面についての評価場面を設定することで，工夫した点や十分でなかった点につい
て他者と共有することに期待感をもたせることができる。また，単元の終末に今後の学習や生
活へ生かしたいことを問うことで，国語科で身に付けた知識及び技能や思考力，判断力，表現
力等が他教科の学習の言語活動を支えると生徒に実感させることができる。

2 「書くこと」の学習評価とテスト問題
知識・技能

- 教材名：「根拠をもとに意見文を書く」（教育出版）
- 単元名：言葉についての意見を交流する
- 時　間：5分

（阿部奈央美）

1　授業の概要と問題作成のねらい

授業の概要　全5時間

1　題材を決め，自分の意見をもつとともに，その根拠となる事実やデータを探す。
2　構成シートを用いて，意見と根拠を整理する。
3　構成シートの交流を行い，意見と根拠の整合性を検討する。
4　意見文の下書きをGoogleドキュメントで入力する。
　　互いの下書きを読み合い，コメント機能を用いて分かりにくい部分を伝える。
5　前時の学習や学習記録を生かして下書きを推敲する。単元の学習を振り返る。

問題作成のねらい

　授業の概要2で用いた構成シートに，意見と根拠をつなぐ理由付けを整理することで，根拠の適切さを検討したり，どのような説明や具体例を加えると根拠の記述が具体的になるかを考えたりすることができるか評価するテスト問題を作成する。

2　テスト問題

問題1　佐々木さんの学級では，言葉について気になったことを調べ，学級の仲間と意見交流をするために意見文を書くことにしました。佐々木さんはカタカナ語について調べています。次は，阿部さんが意見文を書く前に情報を整理した構成シートの一部と資料です。空欄に適切な理由付けを書きなさい。

【構成シートの一部】

【意見】カタカナ語を多用せず，和語・漢語と使い分けた方がよい。

【理由付け】

【根拠（事実・データ）】文化庁の「平成二十九年度『国語に関する世論調査』」によると，カタカナ語の意味が分からず困ることが「よくある」「たまにある」と答えた人は全体で7割にも達しました。その割合は年齢が上がるごとに増えていき，60歳以上では29.3%，70歳以上では37.9%の人が困ることがよくあると答えています。

【資料】「国語に関する世論調査」
　　　　（文化庁，平成29年度）を基に作成

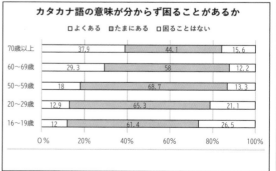

カタカナ語の意味が分からず困ることがあるか

□よくある　■たまにある　□困ることはない

	よくある	たまにある	困ることはない
70歳以上	37.9	44.1	15.6
60〜69歳	29.3	58	12.2
50〜59歳	18	68.7	13.3
20〜29歳	12.9	65.3	21.1
16〜19歳	12	61.4	26.5

3 評価規準

・意見と根拠など情報と情報との関係について理解している。

((2)ア)

4 解答例・解説

解答例

　この結果からは，カタカナ語によって日本語の意味が理解しづらくなっていることが分かります。特に，高齢者はカタカナ語に馴染みが薄いため，カタカナ語の氾濫は誤解や混乱を招く恐れがあると予想されます。実際，私の祖母も広報を読みながら「アセスメント」や「コンプライアンス」などのカタカナ語が多く使われることで，文章の内容が分かりにくくなったと憂いていたことがありました。

解説

　調査結果のデータから，「カタカナ語によって日本語の意味が理解しづらくなっていること」や「カタカナ語の氾濫は誤解や混乱を招く恐れがある」と推測し，カタカナ語と和語・漢語を使い分けた方がよいという意見につなげていることから，「おおむね満足できる」状況（B）と判断する。

　さらに，根拠に関連する経験や例を出して「根拠」を具体的に説明しているため，「十分満足できる」状況（A）と判断する。「努力を要する」状況（C）の生徒には，「意見につなげるには，事実やデータから何が言えるとよいのか。」「事実やデータからどのようなことが推測できるだろう。」などと助言する。

5 学習評価アイデア

　授業では，構成シートを用いることで，意見と根拠となる事実やデータをつなぐ理由付けを視覚的に捉えやすくする。この構成シートを「読むこと」や「話すこと・聞くこと」の学習でも活用することで，繰り返し評価場面を設定するようにしている。第1学年での学習内容の定着が不十分で，「努力を要する」状況（C）と判断される生徒が見られる場合には，意見を支える根拠となる事実やデータを選ぶ問題や，資料から必要な部分を引用して書き抜く問題をCBT（Computer Based Testing：コンピュータ上で行うテスト）で実施することで定着を図るようにする。

2 「書くこと」の学習評価とテスト問題
思考・判断・表現

- 教材名：「根拠をもとに意見文を書く」（教育出版）
- 単元名：言葉についての意見を交流する
- 時　間：10分

（阿部奈央美）

1　授業の概要と問題作成のねらい

授業の概要　全5時間

1　題材を決め，自分の意見をもつとともに，その根拠となる事実やデータを探す。
2　構成シートを用いて，意見と根拠を整理する。
3　構成シートの交流を行い，意見と根拠の整合性を検討する。
4　意見文の下書きを Google ドキュメントで入力する。
　　互いの下書きを読み合い，コメント機能を用いて分かりにくい部分を伝える。
5　前時の学習や学習記録を生かして下書きを推敲する。単元の学習を振り返る。

問題作成のねらい

　授業の概要5で，自分の経験や例を出すなど意見と根拠のつながりに着目して意見文の下書きを推敲したことを踏まえて，自分の考えが伝わる文章になるように工夫して書くことができるか評価するテスト問題を作成する。

2　テスト問題

問題　次の文章は Google ドキュメントを使って佐々木さんが書いた【意見文の下書き】と，友達の阿部さんが書いた【コメントの一部】，佐々木さんがコメントを受けて集めた【資料の一部】です。次の(1)と(2)についてあなたならどう書きますか。【資料の一部】から適切なデータを示した上でそれぞれ書きなさい。
　(1)　コメント1を踏まえて，下線部のあとに一文を書き加える。
　(2)　コメント2を踏まえて，【意見文の下書き】の続きに対立する意見とそれに対する反論を書く。

【意見文の下書き】

カタカナ語の多用を考える
　ニュースや町の中で見る広告に，外国語や外来語がたくさん使われています。このような言葉を「カタカナ語」というそうです。私も，日頃，カタカナ語をよく使います。しかし，ニュースや広告で見るカタカナ語の中には，意味の分からない言葉もあります。私の祖母も広報を読みながらカタカナ語が多く使われることで，文章の内容が分かりにくくなったと嘆いていたことがありました。高齢者は特にカタカナ語に不慣れなので，カタカナ語を多用せず，和語・漢語と使い分けることが必要だと私は考えます。
　そこで，私はカタカナ語がたくさん使われることで困らないのか，調べてみました。文化庁の「平成二十九年度『国語に関する世論調査』」によると，カタカナ語の意味が分からずに困ることが「よくある」「たまにはある」と答えた人が，合わせて約八十パーセントいます。私は，ニュースなどでも多くのカタカナ語が使われているので，分かる人がだんだん増えていると思っていました。ところが，困った経験がある人がたくさんいると分かり驚きました。

【コメントの一部】

n　コメント1

全体として8割の人が困っていることは分かりますが，特に高齢者層に着目して意見を書いているので，年齢別のデータを加えたらどうでしょうか。

n　コメント2

和語と漢語を使い分けることが必要だという意見を伝えるために，対立する意見とそれに対する反論を加えたらどうでしょうか。

【資料の一部】「国語に関する世論調査」（文化庁，平成27・29年度）を基に作成

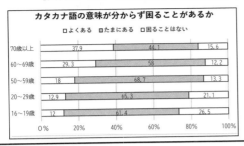

カタカナ語の意味が分からず困ることがあるか

□よくある ■たまにある □困ることはない

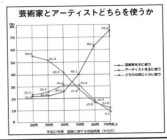

芸術家とアーティストどちらを使うか

3　評価規準

・「書くこと」において，根拠の適切さを考えて説明や具体例を加えたり，表現の効果を考えて描写したりするなど，自分の考えが伝わる文章になるように工夫している。　　　（B(1)ウ）

4　解答例・解説

解答例

(1)　年代別に見ると，困ることがよくあると答えた人は10代，20代では1割ほどでしたが，60代では29.3％，70代以上では37.9％に上ります。

(2)　確かに，私たちのまわりには日常的に使われるようになったカタカナ語が数多くあります。しかし，特に高齢者はカタカナ語の意味が分からず困る人が多いため，カタカナ語の氾濫は誤解や混乱を招く恐れがあります。例えば，「芸術家」と「アーティスト」という言葉では，20代の54.9％が「アーティスト」を主に使用しますが，70歳以上では，75.6％の人が「芸術家」を主に使うことが調査から分かっています。このように，年齢層によってカタカナ語の使用度は変わるため，情報を伝える年齢層を考えて使い分けることが必要だと考えます。

解説

・(1)は，意見と根拠のつながりを踏まえて，資料の中から自分の意見を支える適切な事実・データを探して説明できているため，「おおむね満足できる」状況（B）と判断する。

・(2)は，対立する意見を推論し，それに対する反論について具体例を示しながら説明できているため，「十分満足できる」状況（A）と判断する。

5　学習評価アイデア

　　自分の意見の根拠について，具体化すべき箇所をつかめず，関連する経験や例を示して説明することが十分でない場合には，具体的な箇所を指摘したり，どのような補足説明ができるか想起させたりしながら，生徒が意見と根拠のつながりについて理解を深められるようにする。

2 「書くこと」の学習評価とテスト問題
主体的に学習に取り組む態度

・教材名：「根拠をもとに意見文を書く」（教育出版）
・単元名：言葉についての意見を交流する
・時　間：問題1　10分／問題2　10分

（阿部奈央美）

1　授業の概要と問題作成のねらい

授業の概要　全5時間

1　題材を決め，自分の意見をもつとともに，その根拠となる事実やデータを探す。
2　構成シートを用いて，意見と根拠を整理する。
3　構成シートの交流を行い，意見と根拠の整合性を検討する。
4　意見文の下書きを Google ドキュメントで入力する。
　　互いの下書きを読み合い，コメント機能を用いて分かりにくい部分を伝える。
5　前時の学習や学習記録を生かして下書きを推敲する。単元の学習を振り返る。

問題作成のねらい

1　授業の概要4で意見文の下書きの分かりにくい部分について指摘されたコメントや学習記録を読んで，自分の考えが分かりやすく伝わる表現になるよう，どのように文章を整えたいのかを記述することで，自らの学習の調整ができているかを評価する。
2　授業の概要5で単元の学習を振り返る際に，これまでに自分が書いた意見文と本単元で書いた意見文を比較し，意見と根拠のつながりに着目して自分の考えが分かりやすく伝わるように文章を整えようとしているかを評価する。

2　テスト問題

> 問題1　意見文の下書きやコメントを読み，自分の考えが伝わる文章になるようにどのように修正していきたいか（どのような工夫をしたか）を意見と根拠に着目して書きなさい。その際，もらったコメントや下書きの一部を引用しながら書くこと。
>
> 問題2　今回作成した意見文と以前作成した意見文を比較し，意見と根拠の関係について，分かったことやできるようになったことを書きなさい。それを基に以前作成した意見文の改善点を挙げなさい。その際，改善する箇所を引用して書くこと。

3　評価規準

・進んで根拠の適切さを考えて説明や具体例を加えるなど，自分の考えが伝わる文章になるよ

う工夫し，学習の見通しをもって意見文を書こうとしている。 （主体的に学習に取り組む態度）

4 解答例・解説

解答例

1 私は「カタカナ語の中には，意味の分からない言葉もあります」と書いたが，「例えばどのような言葉のことか，自分の経験を入れたらどうですか」というコメントをもらった。そこで，祖母が広報を読みながら「アセスメント」や「コンプライアンス」などのカタカナ語が多く使われることで，分かりにくくなったと憂いていたことを具体例として加えたい。また，「カタカナ語と和語・漢語を使い分けることが大切だ」という意見の根拠をはっきりさせるために，カタカナ語の理解度は年代別に差が見られるというデータを示した上で理由付けを加え，情報を伝える年齢層を意識して使い分けることが大切だという意見につなげたい。

2 理由付けや，予想される反論とその反論に対する意見を加えることで説得力が増すと分かった。以前書いた森林の保護についての意見文では，「間伐材を用いた割り箸を使用することは森林の保護に役立つ」と書いたが，森林の保護との結び付きを明確にするために，日本の森林の現状についての説明を理由付けとして加えたい。さらに，間伐の役割について説明を加え，割り箸の使用に反対する立場に対する反論としたい。

解説

1 助言を生かして自身の課題を明確にして今後の手立て等を記述しているので，単元のねらいを理解し，学習を自ら調整して活動できていると捉え，「おおむね満足できる」状況（B）と判断する。さらに，経験を入れることや理由付けを示すことという複数の視点から文章を整えようとしているので，「十分満足できる」状況（A）と判断する。

2 意見と根拠のつながりに着目して，分かったことや改善点を挙げられているので，「おおむね満足できる」状況（B）と判断する。さらに，複数箇所を取り上げて文章を整えようとしているので，「十分満足できる」状況（A）と判断する。

5 学習評価アイデア

授業では，意見と根拠のつながりが分かりやすいモデル文と，分かりにくいモデル文を比較させることで，理由付けの必要性について考える場面を設定する。そうすることで，観点を明確にした上でコメントし合う活動を行うことができる。また，Googleドキュメントを用いて文章作成を行うことで，コメントや校閲機能による修正の跡を見て，試行錯誤の過程を振り返ることができる。振り返りとして過去に作成した意見文と比較することで，単元で身に付けた資質・能力について自覚を促す。

3 「読むこと（説明文）」の学習評価とテスト問題
知識・技能

・教材名：「クマゼミ増加の原因を探る」（光村図書）

・単元名：図表に着目して説明的文章を読もう

・時　間：10分

（新井　拓）

1　授業の概要と問題作成のねらい

授業の概要　全4時間

1　「クマゼミ増加の原因を探る」を読み，分かったことや疑問に思ったことをノートに書く。
　　この文章が六つの部分から構成されていることを確認し，それぞれの部分の関係を線や矢印を使って整理する。

2　三つの仮説について，実験・結果・考察をまとめる。

3　文章と図表の結び付きを捉え，その効果について考える。

4　文章の展開や図表の用い方について考えたことを交流する。

問題作成のねらい

　授業の概要2で，文章の構成や展開を捉えたことを踏まえたテスト問題を作成する。授業では線や矢印を使って整理したことを文章で説明させることによって，構成や展開を捉えているかを評価する。

2　テスト問題

> まとめ
> 　以上のことから，大阪市内でクマゼミの占める割合が高まった背景には，都市部における
> ヒートアイラン　　　　　　　　　　　　　　　　　　　　　　　　　　　寒さの緩和は関係
> がなかった。私　　　　　　　　　　　　　　　　　　　　　　　　　　との準備が早まり，
> 梅雨と重なって　　　　　　　　　　　　　　　　　　　　　　　　　　ンド現象による乾
> 燥や地表整備で　　　　　　　　　　　　　　　　　　　　　　　　　　に高かったことの
> 二点である。
>
> 　　　　　　　　　　　【出典】
> 　　　　　『国語2』（令和3年度版教科書，光村図書）
> 　　　　　　　　49ページ1行目〜9行目
> 　　　　　　　　　　　の教材文
>
> 問題　「まとめ」に書かれている内容と，「[仮説1]冬の寒さの緩和」，「[仮説2]気温上昇
> 　　　による孵化の時期の変化」，「[仮説3]ヒートアイランド現象による乾燥と地表の整備
> 　　　による土の硬化」に書かれている内容の関係を，「まとめ」に書かれた本文を引用しな
> 　　　がら具体的に説明しなさい。

3　評価規準

・単語の活用，助詞や助動詞などの働き，文の成分の順序や照応など文の構成について理解するとともに，話や文章の構成や展開について理解を深めている。 ((1)オ)

4 解答例・解説

解答例

　まず，「大阪市内でクマゼミの占める割合が高まった背景には，都市部におけるヒートアイランド現象の影響があることが明らかになった」という部分で［仮説1］，［仮説2］，［仮説3］の検証を通して分かったことを述べている。その後，［仮説1］を検証して分かった「冬の寒さの緩和は関係がなかった」という部分が前述の内容の例外であることを「ただし」という接続詞で示しながら述べている。続けて「気温上昇で孵化の準備が早まり，梅雨と重なってクマゼミの孵化率が向上したこと」という部分で［仮説2］を検証した結果分かったことを述べている。さらに，「ヒートアイランド現象による乾燥や地表整備で硬化した都市部の土に潜る能力が他のセミと比べて圧倒的に高かったこと」という部分で［仮説3］を検証した結果分かったことを「そして」という接続詞で順序を示しながら述べている。

解説

　「まとめ」のどの部分が，［仮説1］，［仮説2］，［仮説3］とどのように関連しているのかを，接続詞に着目しながら具体的に述べている記述から，文章の構成や展開を捉えることができていると考え，「おおむね満足できる」状況（B）と判断する。一方で，「『まとめ』は［仮説1］，［仮説2］，［仮説3］の内容をまとめている」のように，具体的な説明ができていなかった場合は，「努力を要する」状況（C）と判断する。

5 学習評価アイデア

　授業では，「研究のきっかけ」，「前提」，［仮説1］，［仮説2］，［仮説3］，「まとめ」と六つの部分がどのように結び付いているかを線や矢印を使って整理する。

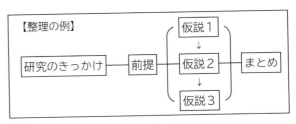

　その際，「研究のきっかけ」が序論として問題提起や大きな仮説を述べていること，「前提」，［仮説1］，［仮説2］，［仮説3］が本論となっていること，「前提」が三つの「仮説」に関わっていること，「仮説」の順序が示されていること，「まとめ」が「仮説」を踏まえた結論であることが分かる整理をしていた場合は，「おおむね満足できる」状況（B）と判断する。接続詞の使い方や文の成分の順序など複数の視点からそれぞれの部分の関係を理解できていた場合は，「十分満足できる」状況（A）と判断する。一方で「前提」と「仮説」を並列に表現していた場合は，「努力を要する」状況（C）と判断し，「前提」と三つの「仮説」の関係を見直すことなどを助言する。

3 「読むこと（説明文）」の学習評価とテスト問題
思考・判断・表現

・教材名：「クマゼミ増加の原因を探る」（光村図書）

・単元名：図表に着目して説明的文章を読もう

・時　間：10分

（新井　拓）

1 授業の概要と問題作成のねらい

授業の概要 全4時間

1 「クマゼミ増加の原因を探る」を読み，分かったことや疑問に思ったことをノートに書く。
   この文章が六つの部分から構成されていることを確認し，それぞれの部分の関係を線や矢印を使って整理する。

2 三つの仮説について，実験・結果・考察をまとめる。

3 文章と図表の結び付きを捉え，その効果について考える。

4 文章の展開や図表の用い方について考えたことを交流する。

問題作成のねらい

授業の概要 4で，文章と図表の結び付きを捉え，その効果について考えたことを踏まえたテスト問題を作成する。授業で扱った文章とは異なる文章を用いて，文章と図表を結び付けて読むことができるかを評価する。

2 テスト問題

> さて，もう一つ，「バイオロギング」を用いて明らかになったペンギンの興味深い行動がある。エンペラーペンギンと同様に，アデリーペンギンもまた，餌捕り潜水をするために，（中略）……いっしょに水中……から氷の……は，水中……でもいっ……
>
> 私たち……り付けて……調べてみ……なる深さ……で餌を捕……さで餌捕……りをすれ……それを避……けて，別……は，潜水の開始と終了だけをわざわざ一致させていることになる。なぜ，このような行動を取るのだろう。

> 【出典】
> 『国語2』
> （令和3年度版教科書，光村図書）
> 281ページ上3行目～下1行目
> の教材文

282ページ上図

図3 いっしょに潜水を繰り返すアデリーペンギン
3羽の潜水行動（各個体を色別で示す。）

問題1　筆者が図3を用いて説明したかったことを，本文中の言葉を用いて説明しなさい。

問題2　図3を入れることで，どのような効果が生まれますか。あなたの考えを書きなさい。

3 評価規準

・「読むこと」において，文章と図表などを結び付け，その関係を踏まえて内容を解釈している。

（C(1)ウ）

4 解答例・解説

解答例

1　三羽のペンギンは異なる深さで餌を捕っているが，潜水の開始と終了だけをわざわざ一致させていること。

2　三羽のペンギンの潜水行動を色別で示すことで，潜る深さは異なるが，開始と終了は一致しているという情報が，視覚的に伝わってくる。

解説

1　図3は三羽のペンギンの潜水行動について示されている。そこから読み取れる内容を本文の記述と結び付けて考え，「三羽のペンギンが異なる深さで餌を捕っていること」と「潜水の開始と終了だけをわざわざ一致させていること」について述べることができれば，「おおむね満足できる」状況（B）と判断する。どちらか一方にしか触れていなかったり，「ペンギンの興味深い行動」などのように具体的な内容を述べていなかったりした場合は「努力を要する」状況（C）と判断する。

2　図3は三羽のペンギンの潜水行動が三色の折れ線グラフで示されている。そこから「三羽のペンギンの潜水行動を色別で示している」という特徴と，「潜る深さは異なるが，開始と終了は一致しているという情報が，視覚的に伝わってくる」という効果を結び付けて述べていれば，「おおむね満足できる」状況（B）と判断する。「三色を使い分けていて見やすい」などのように，図の特徴しか述べていない場合は「努力を要する」状況（C）と判断する。

5 学習評価アイデア

　授業では，「クマゼミ増加の原因を探る」で用いられている図について，本文のどの部分と結び付き，どのような効果を生んでいるのかについて考える。その際，「この図からは○○ということが読み取れるので，本文の●●という部分と結び付いている。また，この図は△△なので，▲▲という効果が生まれている。」と具体的に説明することができれば，「おおむね満足できる」状況（B）と判断する。複数の図を比較して考えていたり，様々な効果を見出していたりするなど，考えの広がりや深まりが認められれば，「十分満足できる」状況（A）と判断する。具体的な説明が不足している場合は「努力を要する」状況（C）と判断し，「この図のどの部分から何を読み取ったのか」を質問して，より具体的に考えるように助言する。

3 「読むこと（説明文）」の学習評価とテスト問題
主体的に学習に取り組む態度

・教材名：「クマゼミ増加の原因を探る」（光村図書）

・単元名：図表に着目して説明的文章を読もう

・時　間：10分

（新井　拓）

1 授業の概要と問題作成のねらい

授業の概要　全4時間

1　「クマゼミ増加の原因を探る」を読み，分かったことや疑問に思ったことをノートに書く。
　　この文章が六つの部分から構成されていることを確認し，それぞれの部分の関係を線や矢印を使って整理する。

2　三つの仮説について，実験・結果・考察をまとめる。

3　文章と図表の結び付きを捉え，その効果について考える。

4　文章の展開や図表の用い方について考えたことを交流する。

問題作成のねらい

　単元の終末に学んだことを振り返らせることによって，それまでの学びを本人がどのように捉えているかに着目する。その記述から，単元のねらいにそって積極的に考えようとしているかを評価する。

2 テスト問題

問題　本単元で学んだことを以下の観点を踏まえてまとめなさい。
(1)　文章の構成や展開について理解したこと。
(2)　文章と図表を結び付けて内容を捉えること。
(3)　今後に生かせると思うこと。

3 評価規準

・文章の構成や図表との結び付きについて積極的に考え，説明的な文章の読み方について見通しをもちながら文章を読もうとしている。

（主体的に学習に取り組む態度）

4 解答例・解説

解答例

　初めて読んだときから，クマゼミが増加している原因を自分なりに理解することはできた。

しかし，①授業で，線や矢印を使って構成についてまとめてみると，「前提」と「仮説」の関係や「仮説」と「まとめ」の関係が明確になり，筆者が何年もの間，実験や観察を重ねて結論に至ったことを理解することができた。②また，本文と図表の結び付きについては，筆者がなぜその図を用いたのかを考えることができた。例えば図1では，「大阪市内」「市外」「市外（山の上）」という三か所におけるクマゼミの割合の違いが明確に示されていて分かりやすかった。このように，図には説明の内容を視覚的に伝える効果があることが分かった。③今後は説明的な文章を読むときには，筆者がなぜそのような構成や展開にしたのかを考えたり，図表の効果を意識したりして，より深く文章を理解できるようにしたい。また，自分が説明的な文章を書くときにも，分かりやすい構成や展開を考えたり，図表を用いて分かりやすく伝えたりするようにしたい。

解説

　①〜③の観点について，それぞれ評価をする。①については，文章の構成や展開を意識して読むことで本文をより深く理解できたことが表現されているので，「おおむね満足できる」状況（B）と判断する。②については，図表から読み取ったこととその効果について具体的に書けているので，「おおむね満足できる」状況（B）と判断する。③については，学んだことがどのような場面で生かせるかが書けているので「おおむね満足できる」状況（B）と判断する。一方で，「今回の授業では文章の構成や展開について学びました」「図表には様々な効果があることが分かりました」「この単元で学んだことを次の単元でも生かしたいと思います」のように，具体的な記述がない場合は，「努力を要する」状況（C）と判断する。

5　学習評価アイデア

　授業ごとに観点を示し振り返りを記述させて評価することも考えられる。例えば`授業の概要`4では，「文章と図表の結び付きを捉え，その効果について考える学習を通して学んだことは何か。」という観点を示す。それに対して，「数値や変化に着目すると図表の表していることが明確になり，本文と結び付けて理解できることが分かった。また，棒グラフで示されることで数値の違いにすぐに気付くことができたので，図表には視覚的に情報を伝える効果があることが分かった。」のように，学んだことを具体的に書くことができていれば，「おおむね満足できる」状況（B）と判断する。学んだことを複数の観点から詳細に書いていたり，今後に生かせそうな場面を想定して書いていたりした場合は，「十分満足できる」状況（A）と判断する。一方で「図3，図4，図5から，冬の寒さの緩和はクマゼミ増加の原因ではないことが分かった。」のように，本文から分かったことだけしか書いていない場合や，「図表と本文を結び付けて読むことができた。」のように，活動だけしか書いていない場合は，「努力を要する」状況（C）と判断し，学んだことを次に生かせるように一般化してまとめるように促す。

4 # 「読むこと（文学）」の学習評価とテスト問題
知識・技能

・教材名：「走れメロス」（光村図書）
・単元名：メロス，私はこう読む
・時　間：5分

（廿樂裕貴）

1　授業の概要と問題作成のねらい

授業の概要　全5時間

1　「走れメロス」を読み，初発の感想を書く。
2　主要な登場人物（メロス，セリヌンティウス，ディオニス）の人物像を端的に表す。
3・4　印象に残った登場人物を一人選び，同じ人物を選んだ者同士でグループを組み，特に
　　　気になった言動の意味について考察する。
5　考察したことを学級全体で共有する。

問題作成のねらい

　授業の概要2で，主要な登場人物をひと言で表現したことを踏まえて，フィロストラトスを
ひと言で表現し，その理由を書くことで抽象的な概念を表す語句を使う力を評価するテスト問
題を作成する。

2　テスト問題

「ああ、メロス様。」うめくような声が、風と
ともに聞こえた。
「誰だ。」メロスは走りながら尋ねた。
「フィロストラトスでございます。あなたの
（中略）
「それだ〔 〕ているか〔 〕は問題でないのだ。私は、〔 〕のためら走るのだなんだか〔 〕のために走ってフィロストラトス
「ああ、あなたは気が狂ったか。それでは、うんと走るがいい。ひょっとしたら、間に合わぬものでもない。走るがいい。」

【出典】
『国語2』
（令和3年度版教科書，
光村図書）
208ページ4行目〜
209ページ3行目
の教材文

問題　フィロストラトスの人物像を端的に表
現するとしたら、あなたならどのように
表しますか。次の指示に従って書きなさ
い。
　ア　人物像を二字以上の熟語で表すこと。
　イ　その理由を、本文中の言葉を引用して
　　書くこと。

3 評価規準

・抽象的な概念を表す語句の量を増すとともに，話や文章の中で使うことを通して，語感を磨き語彙を豊かにしている。

((1)エ)

4 解答例・解説

`解答例`

ア　人物像：率直

イ　理由：フィロストラトスはセリヌンティウスの弟子であり，「ああ，あなたは遅かった。お恨み申します。」というように，メロスに恨み節をぶつけつつも，「今はご自分のお命が大事です。」とメロスだけでも救われることを提案している。ここから相反する意見を素直に言葉で表現する人物であることが分かるため，率直という言葉を選んだ。

`解説`

・イの「相反する意見を素直に言葉で表現する人物であることが分かるため，率直という言葉を選んだ」という記述から，フィロストラトスの人物像を適切に捉えた上で，人物像を「率直」という抽象的な概念を表す言葉で表現できているため，「おおむね満足できる」状況（B）と判断する。さらに，「恨み節」「救われる」「相反する」などの記述からは，自分の考えをより適切な言葉で表現しようとしていることが分かり，言葉への興味・関心が見られるため，「十分満足できる」状況（A）と判断する。

5 学習評価アイデア

　授業では，「主要な登場人物の人物像が端的に分かるように，漢字二字以上の熟語で表現してみよう。」と発問する。

　生徒がセリヌンティウスを「友人」と表現した場合，ここから，物語の設定を踏まえてはいるものの，人物像を把握することができていないことが分かるため，「努力を要する」状況（C）と判断し，「セリヌンティウスの性格を表現してみよう。」と助言する。生徒が，「誠実」と修正し，理由に「『無言でうなずく』だけでメロスが約束を守ることを確信していたから」と記述した場合，「おおむね満足できる」状況（B）と判断する。

　このように授業で取り組んだことを，授業では取り上げていない登場人物であるフィロストラトスの人物像で考えさせることで，身に付けた力を活用できるかどうかを確認する。

第2学年

4 「読むこと（文学）」の学習評価とテスト問題 思考・判断・表現

- 教材名：「走れメロス」（光村図書）
- 単元名：メロス，私はこう読む
- 時　間：5分

（廿樂裕貴）

1 授業の概要と問題作成のねらい

授業の概要　全5時間

1　「走れメロス」を読み，初発の感想を書く。

2　主要な登場人物（メロス，セリヌンティウス，ディオニス）の人物像を端的に表す。

3・4　印象に残った登場人物を一人選び，同じ人物を選んだ者同士でグループを組み，特に気になった言動の意味について考察する。

5　考察したことを学級全体で共有する。

問題作成のねらい

　授業の概要3・4で選んだ登場人物の言動の意味について考えたことを踏まえて，「走れメロス」の終末に登場する少女の言動の意味について考え，内容を解釈する力を評価するテスト問題を作成する。

2 テスト問題

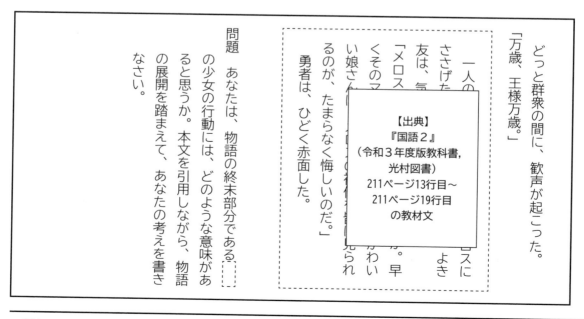

「万歳、王様万歳。」

どっと群衆の間に、歓声が起こった。

【出典】
『国語2』
（令和3年度版教科書，光村図書）
211ページ13行目〜
211ページ19行目
の教材文

一人の少女が、メロスに深紅のマントをささげた。メロスは、まごついた。佳き友は、気をきかせて教えてやった。「メロス、きみは、まっぱだかじゃないか。早くそのマントを着るがいい。このかわいい娘さんは、メロスの裸体を、皆に見られるのが、たまらなく悔しいのだ。」

勇者は、ひどく赤面した。

問題　あなたは、物語の終末部分である、この少女の行動には、どのような意味があると思うか。本文を引用しながら、物語の展開を踏まえて、あなたの考えを書きなさい。

3　評価規準

・「読むこと」において，目的に応じて複数の情報を整理しながら適切な情報を得たり，登場人物の言動の意味などについて考えたりして，内容を解釈している。 （C(1)イ）

4　解答例・解説

解答例

・「緋のマント」は勇者の象徴と考えられる。ここから，メロスが見ず知らずの少女からも勇者であることが認められ，名実ともに勇者になったことが読者に伝わってくる。この少女の言動は，結末の一文「勇者は，ひどく赤面した。」とも関連する部分であり，困難を乗り越えたメロスの偉大さを結末に強調するためにも重要である。

解説

・「メロスが見ず知らずの少女からも勇者であることが認められ，名実ともに勇者になったことが読者に伝わってくる」という記述は，少女の言動の意味について考えることができている。また「メロスの偉大さを結末に強調する」という記述から，物語の展開を踏まえることができているため，「おおむね満足できる」状況（B）と判断する。なお，「また『緋のマントをメロスにささげた』の『ささげた』という表現は，敬意を込めて持っているものを高く上げるという意味であるため，結末部分でメロスが民衆から尊敬の対象として認められていることも分かる。」など，複数の箇所を取り上げ，少女の言動の意味について考えることができている場合もある。この場合は，応用・活用の意識が見られるため，「十分満足できる」状況（A）と判断する。

5　学習評価アイデア

　授業では，「登場人物の言動の意味を考える際には，物語の展開と結び付けながら考察しよう。」と発問する。

　例えば，生徒が「『メロスは激怒した。』という言動からメロスの不正を許せない強い気持ちが伝わってくる。」と記述する場合，ここから，物語の展開を踏まえることができていないことが分かるため，「努力を要する」状況（C）と判断し，「この一文が冒頭にある意味も踏まえて考えてみよう。」と助言する。生徒が，「この一文が冒頭にあることで，正義感あふれる主人公の様子を読者に印象付けている。」と加筆した場合，「おおむね満足できる」状況（B）と判断する。

　このように授業で取り組んだことを，授業では取り上げていない登場人物である「少女」の言動の意味を考えることを通して，身に付けた力を活用できるかどうかを確認する。

4 「読むこと（文学）」の学習評価とテスト問題
主体的に学習に取り組む態度

- ・教材名：「走れメロス」（光村図書）
- ・単元名：メロス，私はこう読む
- ・時　間：問題1　5分／問題2　10分

（廿樂裕貴）

1　授業の概要と問題作成のねらい

授業の概要　全5時間

1　「走れメロス」を読み，初発の感想を書く。

2　主要な登場人物（メロス，セリヌンティウス，ディオニス）の人物像を端的に表す。

3・4　印象に残った登場人物を一人選び，同じ人物を選んだ者同士でグループを組み，特に気になった言動の意味について考察する。

5　考察したことを学級全体で共有する。

問題作成のねらい

1　授業の概要3・4で選んだ登場人物の気になった言動の意味についてグループで考察したあと，授業の概要5の全体共有で考察を深めるために，他の登場人物のどの言動の意味について注目するかを記述することで，自らの学習の調整ができているかを評価する。

2　授業の概要5の終末で単元を振り返ることで，登場人物の言動の意味を自分なりに価値付けられているかを評価する。

2　テスト問題

問題1　次時（授業の概要5）の全体共有では，自分の考察を深めるためにどのグループのどのような考察に注目したいですか。具体的に書きなさい。

問題2　本単元で，登場人物の言動の意味について考えたことで，分かったことやできるようになったことはどのようなことですか。今までの読書経験などを振り返りながら書きなさい。

3　評価規準

・粘り強く登場人物の言動の意味について考え，学習の見通しをもって考えをまとめようとしている。

（主体的に学習に取り組む態度）

4 解答例・解説

解答例

1　私は，メロスのセリフ「私は，なんだか，もっと恐ろしく大きいもののために走っている」の意味について考察している。「王様がさんざんあの方をからかっても，メロスは来ますとだけ答え」たセリヌンティウスの心情を知ることで，メロスがはっきりと言語化できなかった「もっと恐ろしく大きいもの」の真意に迫れると思うので，自分の考察と比べながら，セリヌンティウスについて考察したグループの発表を聞きたい。

2　私は，今まで読書をするときに，話の内容に注目することが多かった。しかし今回の単元で登場人物の行動やセリフを，ストーリー展開をつなげて読んでみることによって，これまでよりも内容を楽しめることが分かった。例えば，初めて読んだときにはフィロストラトスは，メロスの邪魔をするだけの必要ない人物であると思っていたが，今では疲労困ぱいのメロスの最後の試練であるとともに，走る意味の変化を明確化させる意味をもった人物であると考えられるようになった。登場人物の言動の意味について考えながら読むとは，作者の意図を考察しながら読むという行為であると思う。これからも読書に親しんでいきたい。

解説

1　「セリヌンティウスの心情を知ることで，メロスがはっきりと言語化できなかった『もっと恐ろしく大きいもの』の真意に迫れると思う」という記述は，現在の自分の考察の状況と関連付けて，どのグループのどのような考察に注目したいかを具体的に書いているため，「おおむね満足できる」状況（B）と判断する。

2　フィロストラトスの例を挙げて言動の意味を具体的に説明していることから，登場人物の言動の意味を価値付けることができているため，「おおむね満足できる」状況（B）と判断する。さらに，「登場人物の言動の意味について考えながら読むとは，作者の意図を考察しながら読むという行為である」という記述は，読む行為を自分なりに価値付けられていると考えられ，応用・活用の意識が見られたため，「十分満足できる」状況（A）と判断する。

5 学習評価アイデア

　授業では，「主体的に学習に取り組む態度」の評価場面を2回設定することで，自らの学習を調整したり，学習したことを価値付けたりする力を育成する。

　単元の半ばでは，他のグループの考察から知りたいことを考えさせることで自分の学習をモニタリングさせ，単元末では重点とした指導事項について自分の言葉で価値付けさせることを通してメタ認知させるなど，学習過程によって評価の仕方を工夫する。

5 「古典」の学習評価とテスト問題
知識・技能

- 教材名：「二千五百年前からのメッセージ——孔子の言葉——」（教育出版）
- 単元名：孔子の言葉から学ぼう
- 時　　間：5〜10分

（髙橋亜矢）

1 授業の概要と問題作成のねらい

授業の概要 全3時間

1 　動画や教科書の解説文を通して『論語』や孔子について知り，自分の体験や日常の場面と結び付けながら教科書に取り上げられている章句の意味を捉える。

2 　教科書に取り上げられている章句の訓読文を音読したり書き下し文に直したりする活動を通して，訓読法や置き字について確認する。

3 　副教材やインターネットを活用して教科書に掲載されているもの以外の章句を探し，その意味を自分の経験と結び付けて説明し，その章句について考えたことを紹介する。

問題作成のねらい

　このテスト問題では，『論語』についての基礎的な知識を習得した上で，現代語訳や語注などを手掛かりに内容を理解し，作品に表れたものの見方や考え方を捉える力を評価する。授業では，『論語』が孔子やその弟子たちの言行を記録した書物であり，1学年時に学んだ訓読法に加え，新たに置き字についても学習しているので，授業で取り扱っていない章句を単元テストや定期テストの中で出題し，活用できる知識として「おおむね満足できる」状況（B）にあるかどうかを判断する。

2 テスト問題

子曰、「君子ハ和シテ而不レ同。
小人ハ同ジテ而不レ和セ。」

※小人…学問や人格の備わっていない人。

問題一 　——線部について、次の（一）〜
（三）の問いに答えなさい。

（一）『論語』における「子」の意味として適
切なものを選びなさい。

ア　あなた
イ　先生
ウ　息子
エ　弟子

（二）「子」とはだれのことを指しているか。
漢字二字で人名を書きなさい。

（三）　置き字を一字抜き出しなさい。

問題二 　この章句の意味として適切なものを選
びなさい。

ア　君子は、人と調和するが人に流されない。
イ　君子は、小人と調和することはしない。
ウ　小人は、他人に合わせても自分を失わな
い。
エ　小人は、君子に同調して和を乱す。
オ　君子も小人も同様に協調性がある。

3 評価規準

・現代語訳や語注などを手掛かりに作品を読むことを通して，古典に表れたものの見方や考え方を知っている。 (3)イ

4 解答

解答

一 （一） イ　　（二） 孔子（孔丘）　　（三） 而

二 ア

5 学習評価アイデア

　授業では，教科書に取り上げられている章句を自分の体験や日常の場面と結び付けて捉える活動を行い，適切な事例を挙げてそれぞれの章句の意味を理解できていると判断できるものを「おおむね満足できる」状況（B）とする。さらに，その言葉についていくつかの事例を取り上げながら抽象化させ，理解が深いと判断できるものを「十分満足できる」状況（A）とする。生徒eは，抽象化した生徒dの気付きを踏まえて，自分の理解をもう一度具体的な経験に落とし込んでいるので（A）と判断する。

具体例

生徒a：「学んでしかるべきときに復習する」というのは，授業で習ったことを家で復習するってことかな。勉強するのがなんでうれしいんだろう？（C）

生徒b：学校で解けなかった数学の問題を，あとで自分でもう一度やってみて解けたらうれしいじゃない。（B）

教　師：一つの教科だけでなくいろいろな教科で学んだり，小学校で習ったことを中学校でもう一度習ったりすることもあるよね。これは，当てはまらない？

生徒c：確かに，社会科で習ったフェアトレードのことを，道徳のときにもっと詳しく調べて話し合ったことがあったかも。これも，繰り返して勉強したことになるかな。（B）

生徒d：一度学習したことを何度か繰り返して学んでいくことで，理解が深まる。これが，本当に自分の知識にできたってことで，だからうれしいのか！（A）

生徒e：なるほど。それなら，部活動での練習にも当てはまるのかな。教えてもらったプレーを何回も練習して上手くなって，試合で勝てたら，最高にうれしいもんね。（A）

5 「古典」の学習評価とテスト問題
思考・判断・表現

- 教材名：「二千五百年前からのメッセージ——孔子の言葉——」（教育出版）
- 単元名：孔子の言葉から学ぼう
- 時　間：5分

（髙橋亜矢）

1　授業の概要と問題作成のねらい

授業の概要　全3時間

1　動画や教科書の解説文を通して『論語』や孔子について知り，自分の体験や日常の場面と結び付けながら教科書に取り上げられている章句の意味を捉える。

2　教科書に取り上げられている章句の訓読文を音読したり書き下し文に直したりする活動を通して，訓読法や置き字について確認する。

3　副教材やインターネットを活用して教科書に掲載されているもの以外の章句を探し，その意味を自分の経験と結び付けて説明し，その章句について考えたことを紹介する。

問題作成のねらい

　このテスト問題では，『論語』の一節や解説文を引用し，その言葉について考えたことを条件に応じて記述する力を評価する。授業では，『論語』が古くから日本の文化や思想に影響を与えてきた作品であることを知るとともに，章句の意味を自分たちの経験と結び付けて捉える活動や章句について考えたことを伝え合う活動を行っているので，単元のまとめとして，単元テストや定期テストの中で出題する。

2　テスト問題

> （教科書に取り上げられている章句と現代語訳を本文として提示する。）
> 問題　『論語』が現代まで読み継がれてきたのはなぜだと考えられるか。本文中の『論語』の言葉の書き下し文（一部分でもよい）を一つ挙げ，「（選んだ言葉）」のように，……（だ）から。の形で一文でまとめなさい。ただし，五十字以上七十字以内で書くこと。

3　評価規準

- 「読むこと」において，文章を読んで理解したことや考えたことを知識や経験と結び付け，自分の考えを広げたり深めたりしている。

（C(1)オ）

4　解答例・解説

・「己の欲せざる所，人に施すこと勿かれ。」のように，昔の人の言葉でありながら，現代でも
　自分の行動の注意点として生かすことができる考え方だから。

・「朋有り遠方より来たる，亦楽しからずや。」のように，友達と過ごす時間を楽しむ気持ちは
　いつの時代も変わらないのだと共感できるから。

・「人知らずして慍らず，亦君子ならずや。」のように，人間の真実が短い言葉で分かりやすく
　まとめられていて，覚えやすいから。

解説

　指定文字数や文型に従って，孔子の章句（書き下し文）を引用し，引用した章句の内容と整
合性のある考えや問いに対して妥当な考えを書くことができているものを「おおむね満足でき
る」状況（B）と判断し，この状況に至っていないものを「努力を要する」状況（C）と判断
する。

5　学習評価アイデア

　定期テスト等では，「おおむね満足できる」状況（B）に到達しているかを判断するため，
「4　解答例・解説」で示したような採点基準を設ける。課題として設定する場合は，「1　授
業の概要と問題作成のねらい」の3時間目で行った活動を，各自で文章化させて到達状況を判
断することも考えられる。その場合は，「副教材やインターネットを活用して，教科書にある
孔子の言葉以外に自分で好きな言葉を選び，その言葉について自分の経験や知識と関連付けて
説明し，その言葉についての自分の考えをまとめなさい。」と発問する。

「おおむね満足できる」（B）の解答例

　「義を見て為さざるは，勇無きなり。」とは，正しいことが分かっているのに行動しないの
は勇気がないという意味だ。これは，バスで席を譲れなかったときの自分を表していると感
じたので，これからこの言葉を大事にしていきたい。

「十分満足できる」状況（A）の解答例

　「義を見て為さざるは，勇無きなり。」とは，正しいことが分かっているのに行動しないの
は勇気がないという意味だ。これは，バスで高齢者に席を譲れなかったときの自分に当ては
まると感じた。このように孔子の言葉は，現代の自分たちにも当てはまるので長い間読み継
がれてきたのだろうと考えた。

　「おおむね満足できる」状況（B）に到達しているもののうち，下線部のように孔子の言葉
が古くから日本の文化や思想に影響を与えてきたことを踏まえて自分の考えを書いているもの
を「十分満足できる」状況（A）とする。自分で選んだ言葉について，知識や経験と結び付け
て自分の考えを記述できていないものについては「努力を要する」状況（C）と判断し，具体
的な場面を例示して選んだ言葉と日常生活とを関連付けられるよう助言する。

第2学年

5 「古典」の学習評価とテスト問題
主体的に学習に取り組む態度

- 教材名：「二千五百年前からのメッセージ——孔子の言葉——」（教育出版）
- 単元名：孔子の言葉から学ぼう
- 時　間：5〜10分

（髙橋亜矢）

1　授業の概要と問題作成のねらい

授業の概要　全3時間

1　動画や教科書の解説文を通して『論語』や孔子について知り，自分の体験や日常の場面と結び付けながら教科書に取り上げられている章句の意味を捉える。

2　教科書に取り上げられている章句の訓読文を音読したり書き下し文に直したりする活動を通して，訓読法や置き字について確認する。

3　副教材やインターネットを活用して教科書に掲載されているもの以外の章句を探し，その意味を自分の経験と結び付けて説明し，その章句について考えたことを紹介する。

問題作成のねらい

　このテスト問題では，自分のテストの解答を振り返り，的確な表現となるように自分の記述した解答文を粘り強く分析・修正する力を評価する。ここでは，同じ単元の「思考・判断・表現」の評価問題例として紹介した記述問題について取り上げる。定期テスト等の解きなおしレポートとして取り組むため，テスト返却後の課題となる。

2　テスト問題 （解きなおしレポートの形式）

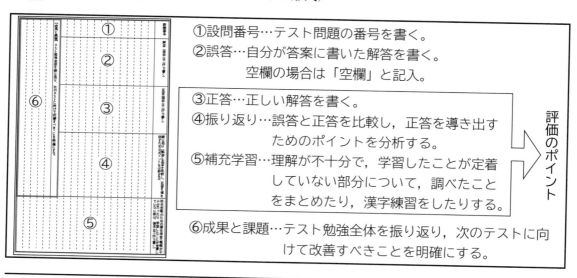

①設問番号…テスト問題の番号を書く。
②誤答…自分が答案に書いた解答を書く。
　　　　空欄の場合は「空欄」と記入。

③正答…正しい解答を書く。
④振り返り…誤答と正答を比較し，正答を導き出すためのポイントを分析する。
⑤補充学習…理解が不十分で，学習したことが定着していない部分について，調べたことをまとめたり，漢字練習をしたりする。

評価のポイント →

⑥成果と課題…テスト勉強全体を振り返り，次のテストに向けて改善すべきことを明確にする。

3 評価規準

・進んで古典に表れたものの見方や考え方について自分の知識や経験と結び付けて考え，学習課題に沿って他の人に自分の考えを伝えようとしている。 （主体的に学習に取り組む態度）

4 解答例・解説

解答例

（②誤答）

「之を知るを之を知ると為し，知らざるを知らずと為す。是れ知るなり。」のように，**言葉によってやっていいこととやってはいけないことを分からせるため**だから。

（③正答）

「己の欲せざるところ，人に施すこと勿れ。」のように，やっていいこととやってはいけないことを分かりやすく伝えているから。

（④振り返り）

引用した言葉と自分の考えがかみ合っていない。

（⑤補習学習）

「之を知るを之を知ると為し，知らざるを知らずと為す。是れ知るなり。」は「知る」ということは自分がどこまで理解していてどこから理解できていないかを自覚することだということ。

解説

このレポートでは，自分の解答の不適切な部分を的確に分析（④）し，正しい解答（③）を導き出しており，「おおむね満足できる」状況（B）と判断する。さらに，補充学習（⑤）に，自分が取り上げた言葉の意味を確かめ，自分の言葉でまとめ直すなどの学習の深化が見取れるものを「十分満足できる」状況（A）と判断する。なお，採点の際，誤答（解答例の太字部分）に△をつけて返却し，表現を工夫する必要があることを伝え，C→Bとなるための支援とする。

5 学習評価アイデア

無解答の生徒には，模範解答を参考にしながら，もう一度問題に取り組んでみることを助言する。正答の生徒には，自分の解答とは異なる章句を引用して別解を考えることを指示する。

Chapter4

第3学年
テスト問題＆
学習評価アイデア

4

第3学年

1 「話すこと・聞くこと」の学習評価とテスト問題 知識・技能

・教材名：「意見を共有しながら話し合う」（教育出版）
・単元名：SDGs の実現に向けて私たちができることを話し合おう！
・時　間：5分

（森谷　剛）

1 授業の概要と問題作成のねらい

授業の概要 全2時間

1 単元の見通しをもち，話合いを行い，本時の活動を振り返る。
2 話合いの結論を発表し，自分のグループの話合いの内容を振り返る。

問題作成のねらい

授業の概要 1で，話合いを行ったことを踏まえて，SDGs の実現についての具体案を，一般化した表現で分類する力を評価するテスト問題を作成する。

2 テスト問題

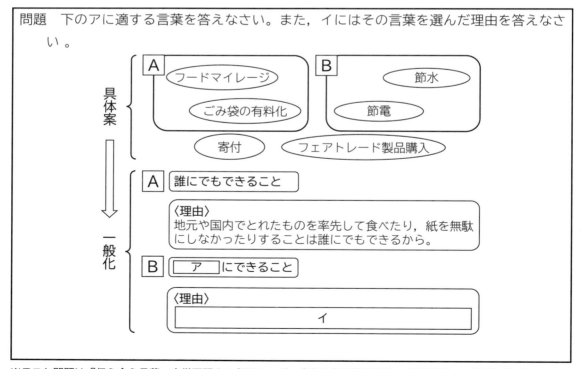

※テスト問題は『伝え合う言葉　中学国語3』（235ページ，令和2年度版教科書，教育出版）を参考に作成した。

3　評価規準

・具体と抽象など情報と情報との関係について理解を深めている。　　　　　　　　　　　　((2)ア)

4　解答例・解説

解答例

ア　日常的

イ　節電や節水は，毎日の生活の中で取り組むことができるから。

解説

・アの一般化した文言について，イで理由を書かせることでアの正当性を判断することができるため，ア・イは完全解答として出題する。アの「日常的」という文言は，イの「節電や節水は，毎日の生活の中で取り組むことができる」という理由を一般化した文言と捉えることができるため，このような解答を「おおむね満足できる」状況（B）とする。

・テストは授業の概要1における，本時の活動を振り返る場面で実施する。

5　学習評価アイデア

授業の概要1で，話合いを行わせる前に「フードマイレージ」と「ごみ袋の有料化」という具体案を丸で囲み，「誰にでもできること」という一般化した文言でまとめる説明を行う。生徒がこの2つの具体案を一般化できない場合，具体的な事例を一般化してまとめられていないことが分かるため，「努力を要する」状況（C）と判断し，「あなたでも取り組むことができるものか。」と助言する。生徒が，「誰にでもできること」と解答し，理由に「地元や国内でとれたものを率先して食べたり，紙を無駄にしなかったりすることは誰にでもできるから」と記述した場合，「おおむね満足できる」状況（B）と判断する。また，生徒が，「誰にでもできること」という一般化した文言や理由を再考し，例えば「二酸化炭素の削減につながること」と解答し，理由に「フードマイレージでは輸送にかかる二酸化炭素の排出量を削減でき，ゴミ袋の有料化では廃棄にかかる二酸化炭素の排出量を削減できるから」など，よりよい文言や理由が記述できた場合を「十分満足できる」状況（A）とする。

1 「話すこと・聞くこと」の学習評価とテスト問題
思考・判断・表現

・教材名：「意見を共有しながら話し合う」（教育出版）

・単元名：SDGs の実現に向けて私たちができることを話し合おう！

・時　間：5分

（森谷　剛）

1 授業の概要と問題作成のねらい

授業の概要　全2時間

1　単元の見通しをもち，話合いを行い，本時の活動を振り返る。

2　話合いの結論を発表し，自分のグループの話合いの内容を振り返る。

問題作成のねらい

　授業の概要2で，自分のグループの話合いの内容を振り返ったことを踏まえて，進行の仕方を工夫したり互いの発言を生かしたりしながら話し合い，合意形成に向けて考えを広げたり深めたりすることができる力を評価するテスト問題を作成する。

2 テスト問題

問題　下の話合いの中から，進行の仕方を工夫したり互いの発言を生かしたりしながら話し合い，合意形成に向かって考えを広げたり深めたりしていると見取ることができる発言に線を引き，線を引いた理由を答えなさい。

司会：今回の議題は，「持続可能な社会の実現に向けて私たちができること」です。私たちのできることは何かについて話し合い

ナツ：私が考えた　　　　　　　　　　　　　　　　　　　　　　　　　　　　　　準」で計算します。
　　　その数値は　　　　**【出典】『伝え合う言葉　中学国語3』（令和2年度版教科書，教育出版）**　　　出さないように，
　　　地元や国内　　　　　　**237ページ上段1行目〜18行目の教材文**　　　　　　もできることだと
　　　思います。

フユ：私は，ナツさんの意見の「誰にでもできる」という部分に賛成です。他にも取り組まれていることとしては，ごみ袋の有料化などがあると思います。
　　　（中略）

司会：そうですね。どちらも日常的にできることとしてあてはまりますね。

フユ：今まであがったものは実際に取り組まれていてすばらしいことですが，みんながより積極的に取り組んでいくための手立ても必要だと思います。

司会：では，今まであがってきた取り組みのデメリットも考えつつ，そのうえで取り組みを向上させるための工夫を考えていきましょう。

【線を引いた理由】

3 評価規準

・「話すこと・聞くこと」において，進行の仕方を工夫したり互いの発言を生かしたりしながら話し合い，合意形成に向けて考えを広げたり深めたりしている。　　　　　　　（A⑴オ）

4 解答例・解説

解答例

【線を引いた部分】

　今まであがったものは実際に取り組まれていてすばらしいことですが，みんなでより積極的に取り組んでいくための手立ても必要だと思います。

【線を引いた理由】

　話合いを建設的に次の段階に進めようとする発言をしているから。

解説

・【線を引いた部分】について，【線を引いた理由】を書かせることで解答の正当性を判断することができるため，両者は完全解答として出題した。【線を引いた部分】の「みんなでより積極的に取り組んでいくための手立ても必要」という部分は，話合いを次の段階に進めようとする意図を見取ることができる発言である。【線を引いた理由】において，「話合いを建設的に次の段階に進めようとする発言」であると，発言の意図を明確に示すことができているため，このような解答を「おおむね満足できる」状況（B）とする。

・テストは授業の概要2における，話合いの内容を振り返ったあとに実施する。

5 学習評価アイデア

　授業の概要2で，自分のグループの話合いの内容を振り返らせる前に，フユの発言である「私は，ナツさんの意見の『誰にでもできる』という部分に賛成です。」という部分を取り上げ，この発言の理由を記述させ，合意形成に向かおうとしているという説明を行う。生徒がこの発言の理由を記述できない場合，様々なものの見方や考え方があることを踏まえながらも共通点を見いだしたり，様々な意見から新たなものの見方や考え方を導き出したりすることができていないと分かるため，「努力を要する」状況（C）と判断し，「立場や考え方の違いを認めつつ，納得できる結論を目指すには，例えば，共通点を見いだすことも大切だよね。」と助言する。生徒が，フユの「私は，ナツさんの意見の『誰にでもできる』という部分に賛成です。」という部分に線を引き，理由に「共通点を見いだそうとしているから」と記述した場合，「おおむね満足できる」状況（B）と判断する。また，生徒が他の発言に着目し，その発言の理由を記述し，正当性があると判断できた場合を「十分満足できる」状況（A）とする。

1 「話すこと・聞くこと」の学習評価とテスト問題
主体的に学習に取り組む態度

・教材名：「意見を共有しながら話し合う」（教育出版）
・単元名：SDGsの実現に向けて私たちができることを話し合おう！
・時　間：10分

（森谷　剛）

1 授業の概要と問題作成のねらい

授業の概要　全2時間

1　単元の見通しをもち，話合いを行い，本時の活動を振り返る。
2　話合いの結論を発表し，自分のグループの話合いの内容を振り返る。

問題作成のねらい

　「主体的に学習に取り組む態度」は，「知識・技能」及び「思考・判断・表現」の育成を支えるものでもある。この観点から「知識・技能」のテスト問題を活用し，「主体的に学習に取り組む態度」も併せて評価する1つの手法を紹介する。「2　テスト問題」は「知識・技能」のテスト問題を発展させて作成したものである。

2 テスト問題

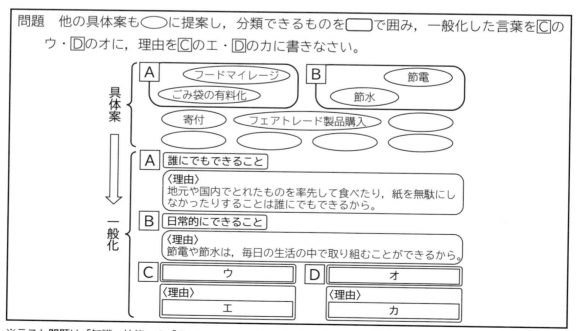

※テスト問題は「知識・技能」の「2　テスト問題」（96ページ）を活用して作成した。

3 評価規準

・積極的に具体と抽象など情報と情報との関係について理解を深め，学習課題に沿って適切な
話合いについて考えようとしている。　　　　　　　　　　　　　　　　（主体的に学習に取り組む態度）

4 解答例・解説

`解答例`

具体案：マイボトル・ゴミの分別

ウ　再利用できること

エ　マイボトルは何度でも使用することができるし，ペットボトルなども分別することで再利
用が可能となるから。

`解説`

・「知識・技能」の問題と同様に⃞C⃞及び⃞D⃞は具体案の分類を▢で囲むことと，一般化した文
言（ウ）及び（オ）と理由（エ）及び（カ）の３つで正当性を判断できるため，完全解答と
して出題した。１つ正答できた場合は，自ら具体案の立案と分類を行うことができたことか
ら「おおむね満足できる」状況（B）と判断する。１つ正答できた状態で，更に２つ正答で
きた場合は積極性を見取ることができるため「十分満足できる」状況（A）と判断する。し
かし，正答まで到達できなくとも，自らの具体案の立案が多数見られたり，２つ以上の具体
案の立案を分類しようとする解答が見られたりした場合は，自ら学習調整を行う姿を見取る
ことができるため，この場合も「十分満足できる」状況（A）と判断する。

・テストは`授業の概要`1における，本時の活動を振り返る場面で実施する。

5 学習評価アイデア

　`授業の概要`1で，話合いを行わせる前に様々な具体案を分類し，一般化した文言でまとめる
ことを説明する。生徒が具体案の分類だけで，一般化した文言でまとめていない場合，積極的
に具体と抽象など情報と情報との関係について理解を深めていないことが分かるため，「努力
を要する」状況（C）と判断し，一般化した文言の例を助言する。生徒がその助言から更に一
般化した文言をよりよくするために再考し，記述できた場合，「おおむね満足できる」状況
（B）と判断する。

2 「書くこと」の学習評価とテスト問題
知識・技能

・教材名：「説得力のある批評文を書く」（教育出版）

・単元名：伝わりやすく説得力のある文章を書こう

・時　　間：30分

（三浦貴之）

1　授業の概要と問題作成のねらい

授業の概要　全4時間

1　読み手に納得してもらえる批評文について学習後，歩きスマホのマナーを訴える2種類のポスター（A，B）について，批評する観点を決めて観察し，気付いた特徴を挙げる。

2　どちらがスマートフォンのマナーを訴えるポスターとして適しているかについて，自分の判断や評価が読み手に分かりやすく伝わるように文章の構成を考える。

3　出典の示し方の例を確認し，批評文を書く。

4　批評文を友達と読み合い，助言（よい点・改善点）を交流カードに記述し合う。
　　記述を基に，自分の文章のよい点や改善点を見つける。

問題作成のねらい

　情報を活用する際にはその発信元や発信時期などの信頼性について吟味し，確かめながら使うことが大切である。『解説』に「第1学年で学習した『出典の示し方』から確認する方法が挙げられる」とあり，「媒体に応じて，書名，著者名，発行年や掲載日，出版社，ウェブサイトの名称やアドレスなどを示すことにより，著作権に留意するとともに，情報の受け手が出典を知ることができるよう配慮することが必要である」と示されていることから，**授業の概要** 3のあとに，「知識及び技能」(2)イについて，テストで評価する。

2　テスト問題

> 問題　前（**授業の概要** 3）の時間に書いた批評文の中で，自分が引用した情報と，その情報が信頼できる理由を書きなさい。理由は複数書いても構いません。

3　評価規準

・情報の信頼性の確かめ方を理解し，使っている。

（(2)イ）

4 解答例・解説

解答例

【引用した情報】

・〇〇研究所「〇年　スマートフォン実態調査」（閲覧日〇年〇月〇日）

・〇代から〇代の男女〇人のうち，〇％の人が「歩きスマホをしたことがある」と回答し，さらにそのうちの〇％の人が「危険を感じた」と回答した。

【その情報が信頼できる理由について】

・「〇〇研究所」は，株式会社〇〇（代表者〇〇〇〇）の調査機関である。「〇年　スマートフォン実態調査」以外にも多数の調査活動を行っていて，どの調査にも調査方法や調査対象，発信者が明記された近年の調査だから。

解説

・引用した情報の出典が示せており，発信元や発信時期について触れられた理由が記述できていれば，「おおむね満足できる」状況（B）とする。

・また，「『〇〇研究所』の調査結果以外に『〇〇事業者協会』の『歩きスマホの実態・意識調査』でも9割以上が『危ないと感じたことがある』と回答し，同様の結果だったから」のように，複数の情報を比較して，確認し信頼性を確かめている場合は「十分満足できる」状況（A）とする。

5 学習評価アイデア

　引用する情報について，例えば，省庁などの機関や，新聞社などの発信元について考えていたり，発信者が専門としている研究や，過去の経歴などに着目していたりするなど，その情報に客観性や信頼性があるかについてより吟味して記述していた場合は「十分満足できる」状況（A）とする。

　引用した情報の，信頼できる理由を示せていない場合は「努力を要する」状況（C）と判断し，「発信元はどこか」などと助言し，信頼性の確かめ方を確認できるよう支援する。

　なお，授業の概要4の「交流カード」とは，書いた批評文を読み合い，助言（よい点・改善点の両方）を記入するものである。これは，「主体的に学習に取り組む態度」を評価する際の資料となるものである。

2 「書くこと」の学習評価とテスト問題
思考・判断・表現

・教材名：「説得力のある批評文を書く」（教育出版）

・単元名：伝わりやすく説得力のある文章を書こう

・時　間：40分

（三浦貴之）

1 授業の概要と問題作成のねらい

授業の概要 全4時間

1　読み手に納得してもらえる批評文について学習後，歩きスマホのマナーを訴える2種類の
　ポスター（A，B）について，批評する観点を決めて観察し，気付いた特徴を挙げる。

2　どちらがスマートフォンのマナーを訴えるポスターとして適しているかについて，自分の
　判断や評価が読み手に分かりやすく伝わるように文章の構成を考える。

3　出典の示し方の例を確認し，批評文を書く。

4　批評文を友達と読み合い，助言（よい点・改善点）を交流カードに記述し合う。

　記述を基に，自分の文章のよい点や改善点を見つける。

問題作成のねらい

　授業の概要3において，論理の展開や出典の示し方を確認したあとに，テストとして批評文
を書かせ，〔思考力，判断力，表現力等〕(1)ウについて評価する。

2 テスト問題

> 問題　スマートフォンのマナーを訴えるためのポスターについて，ポスターのA，Bのどち
> らがより適しているか批評文を書きなさい。その際，自分の考えの根拠となる資料を探
> し，引用すること。

3 評価規準

・「書くこと」において，表現の仕方を考えたり資料を適切に引用したりするなど，自分の考
　えが分かりやすく伝わる文章になるように工夫している。

（B(1)ウ）

4 解答例・解説

解答例

　私は，駅で多くの利用者にスマートフォンのマナーを訴えることができるのは，Ａのポスターだと考える。

　Ａは日本語以外でもメッセージがかかれており，外国の人たちにも伝わるので，より多くの人に呼びかけをすることができる。…（中略）

　歩きスマホについて調べてみたところ，「○○研究所『○年　スマートフォンの実態調査』」（閲覧日○年○月○日）によると，○代から○代の男女約○人のうち，○％の人が「歩きスマホをしたことがある」と回答し，さらにそのうちの○％以上の人が，「危険を感じた」と回答した。このことから，多くの人が歩きスマホについて危険を感じていることが分かる。よって，歩きスマホをやめさせるための強いメッセージが必要である。

　それに対し，Ｂのポスターには，イラストが使われていて，…（以下略）

解説

・解答例のように出典や引用部分を明確にして資料を引用し，伝聞か自身の体験か，資料からの引用なのか自分の考えなのかを明確に分けて書いている場合，表現の仕方を考えて記述していると判断し，「おおむね満足できる」状況（Ｂ）とする。

・「これらのデータから，スマホに対する危機意識が低いにもかかわらず，そのほとんどの人が危険を感じたことがあるという，非常に危険な状態であると言える。こういった状況を改善するにはどうしたらよいだろうか。それには一人一人が強く危機意識をもち，歩きスマホをやめるための，目を引くデザインと強いメッセージが必要だ。」等，断定的な表現で訴えたり，呼びかけを用いて興味を引いたりするなど，説得力のある批評文を書くという目的や意図に合わせ，文末を工夫していれば，自分の考えがより分かりやすく伝わるようさらに工夫を加えていると判断し「十分満足できる」状況（Ａ）とする。また，根拠となる事実を支える自分の実体験を挙げ，自分の調べた情報と結び付けるなど，より説得力を高めようと工夫している場合も「十分満足できる」状況（Ａ）とする。

5 学習評価アイデア

　伝聞なのか自分の体験なのか，引用なのか自分の考えなのかが分かりづらい表現の仕方になっている場合は，表現の仕方を考えられていないと判断し「努力を要する」状況（Ｃ）とする。「どこからどこまでが資料からの情報なのか」「自分の考えはどこの部分か」「引用部分を示すにはどうしたらよいか」などと分けて表現できるよう支援する。

2 「書くこと」の学習評価とテスト問題 主体的に学習に取り組む態度

・教材名：「説得力のある批評文を書く」（教育出版）
・単元名：伝わりやすく説得力のある文章を書こう
・時　　間：15分

（三浦貴之）

1　授業の概要と問題作成のねらい

授業の概要　全4時間

1　読み手に納得してもらえる批評文について学習後，歩きスマホのマナーを訴える2種類のポスター（A，B）について，批評する観点を決めて観察し，気付いた特徴を挙げる。
2　どちらがスマートフォンのマナーを訴えるポスターとして適しているかについて，自分の判断や評価が読み手に分かりやすく伝わるように文章の構成を考える。
3　出典の示し方の例を確認し，批評文を書く。
4　批評文を友達と読み合い，助言（よい点・改善点）を交流カードに記述し合う。
　　記述を基に，自分の文章のよい点や改善点を見つける。

問題作成のねらい

授業の概要4で，友達に書いてもらった交流カードと，自分の書いた文章を見比べて，自分の書いた文章のよい点や改善点を見つけさせる。

批評文の根拠となる資料の情報については，書かれたものをそのまま受け止めるのではなく，客観性や信頼性がより高いものを選ぼうとする心構えが必要である。また，説得力のある批評文を書く活動は，他教科の学習や生活にも生きるものである。**授業の概要**1から4までを終えたあと，最後に学習を振り返させることで，自己の学習の進め方について適切であったかどうか，他教科や生活において意見を書いたりするときにどのように生かすことができるかを，学習に対する粘り強さや，自らの学習を調整しようとする力として見取り「主体的に学習に取り組む態度」を評価する。

2　テスト問題

> 問題　よりよい批評文を書くためにはどのようにすればよいか。交流カードに書かれた自分の文章への助言（よい点・改善点の両方）に照らして，学習について振り返りなさい。

3　評価規準

・積極的に自分の書いた批評文のよい点や改善点を見いだし，学習課題に沿って説得力のある
　文章について考えようとしている。

（主体的に学習に取り組む態度）

4　解答例・解説

`解答例`

　スマートフォンのマナーについて，調べたことと，自分の考えを明確に区別して書くことが
できた。交流カードには「意見に納得できた」と書いてあったので，自分が引用した資料と伝
えたい意見を矛盾なく結び付けることができたと思う。

　自分も歩きスマホをしている人を見たり，「ちょっとくらい…」という軽い気持ちで歩きス
マホをしてしまったりすることがある。スマートフォンのマナーについての意識調査等では，
実際に歩きスマホが多い，危ないという意見をニュースやインターネットの書き込み等で多く
見るが，その裏付けとなる信頼できるデータを探すことに時間がかかった。

　説得力のある批評文にするために情報を引用する際には，本当にその情報が信頼できるのか，
複数の情報を探したり，発信元について調べてみたりするなど，慎重に選びたい。

`解説`

・自分の書いた批評文について，友達に書いてもらった指摘を受け，自分の文章のよい点や改
　善点を見いだしているため，「おおむね満足できる」状況（B）と判断する。なお，生徒の
　振り返りが適切なものであるか，教師が批評文と交流カードを見比べた上で評価する。

・「説得力のある批評文にするために情報を引用する際には，本当にその情報が信頼できるの
　か，複数の情報を探したり，発信元について調べてみたりするなど，慎重に選びたい。」の
　ように，次の批評文を書く場面を想定し，その際にどのようなことを意識して考えたり書い
　たりすればよいかといった，よりよい批評文にするための具体的な視点に触れた記述が見ら
　れれば，学習の状況が質的な高まりや深まりをもっており，より積極的に文章を書くことに
　生かそうとしていると判断し「十分満足できる」状況（A）とする。

5　学習評価アイデア

　友達の指摘を受けても，自分の文章についてのよい点，改善点を理解できておらず，どのよ
うに生かすか記述できていない場合は「努力を要する」状況（C）と判断し「よかったと指摘
されたところはどこか。」「どのように改善すればよいと指摘されたか。」などと助言して支援
する。

3 「読むこと（説明文）」の学習評価とテスト問題
知識・技能

・教材名：「人工知能との未来」「人間と人工知能と創造性」（光村図書）
・単元名：同じテーマの本を読んで紹介し合おう
・時　間：20分

（牧野太輝）

1　授業の概要と問題作成のねらい

授業の概要　全5時間

1・2　同じテーマを扱った文章を2編読み，自分の生き方や社会との関わり方について自分の意見をもつ。

3・4　1・2でもった自分の意見を広げたり深めたりすることが期待できる本を探して読む。

5　3・4で読んだ本について，自分の意見にどのような影響を与えたかに触れて紹介し合う。

問題作成のねらい

　授業の概要3・4で，自分の意見を広げたり深めたりすることが期待できる本を探して読んだことを踏まえ，読書が自分の生き方や社会との関わり方を支える意義と効用をもつことについて理解しているかをテスト問題で評価する。

2　テスト問題

問題　次の文章を読んで、あとの問いに答えなさい。

【出典】『国語3』
（令和3年度版教科書、光村図書）
鷲田清一「誰かの代わりに」
（授業で取り上げていない文章）

（一）「自分とは何か」という筆者が取り上げている問いに対する考えを深めるために、読書をしようと思います。あなたならどのような本を探して読みたいと思いますか。次の条件一と条件二にしたがって書きなさい。

条件一　文章に書かれたことや自分の知識や経験に触れながら、「自分とは何か」という問いに対して考えたことや疑問に思ったことを書くこと。

条件二　条件一を踏まえ、どのような本を探したいかを具体的に書くこと。

3　評価規準

・自分の生き方や社会との関わり方を支える読書の意義と効用について理解している。　（(3)オ）

4　解答例・解説

　これからの時代は自分の意志で人生を選び取っていくことを理想とする社会になると文章中で書かれていたが，私は意志が弱く，人の意見に流されやすいので心配だ。一方で「インターディペンデンス（支え合い）」という考え方ならそんな自分の個性を生かせる可能性があるのではないかと思い，興味をもった。若い世代の支え合いをテーマにした本を探して社会との関わり方を考えたい。

・1文目，2文目からは文章と自分の生き方を関わらせて考えたことが，3文目からはその考えを深めるために読書を行おうとしていることが分かるため，「おおむね満足できる」状況（B）と判断する。さらに，「若い世代の支え合いをテーマにした本を探して社会との関わり方を考えたい。」という記述は，自分の考えを深めるための選書の方法に的確さが見られるため，「十分満足できる」状況（A）と判断する。

5　学習評価アイデア

　授業では，同じテーマを扱った文章を2編読んで自分の意見をもったあと，その意見を広げたり深めたりするために読書を行う。本を選ぶ前には，「文章を読んだ自分の考えを広げたり深めたりするために，どのような読書を行うことが考えられますか。」と発問する。また，単元の終末には「本単元で行った読書は，あなたにとってどのような意味をもちましたか。」と発問し，学習を価値付けさせる。これらを通して読書の意義と効用について理解させる。

　このように授業で取り組んだことと類似した活動をテスト問題の設問に設定し，理解したことを確認する。

　例えば，生徒が，「筆者が紹介しているパスカルの『パンセ』を読んでみたい。」と記述した場合，読もうとする本が自分の生き方や社会との関わり方とどのように関連するかを具体的に捉えられていないと分かるため，「努力を要する」状況（C）と判断する。テストの返却時に「なぜその本を読みたいと思ったのですか。」と助言する。生徒が，「筆者の引用しているパスカルの言葉に心を動かされた。今の社会を生きる私たちが弱さを受け入れることが本当に適切なのかを考えたいので，パスカルの考えを詳しく知りたいと思った。」と説明した場合，自分と社会との関わり方について考えようとしている点で「おおむね満足できる」状況（B）と判断する。さらに，筆者の考えを批判的に検討するために本を読もうとしている点で，読書に質的な深まりが見られるため，「十分満足できる」状況（A）にあると判断する。

　なお，文章を読む時間が限られるテストでは，初見の文章を読み進めることに時間がかかり，十分な時間をとって問題を解くことができない生徒がいる可能性もある。ねらった指導事項を適切に評価するために，事前に出題する文章を生徒に示し，あらかじめ読んだ上でテストに臨ませるということも考えられる。

3 「読むこと（説明文）」の学習評価とテスト問題 思考・判断・表現

- 教材名：「人工知能との未来」「人間と人工知能と創造性」（光村図書）
- 単元名：同じテーマの本を読んで紹介し合おう
- 時　間：20分

（牧野太輝）

1　授業の概要と問題作成のねらい

授業の概要　全5時間

1・2　同じテーマを扱った文章を2編読み，自分の生き方や社会との関わり方について自分の意見をもつ。

3・4　1・2でもった自分の意見を広げたり深めたりすることが期待できる本を探して読む。

5　3・4で読んだ本について，自分の意見にどのような影響を与えたかに触れて紹介し合う。

問題作成のねらい

授業の概要3・4で行った活動を踏まえ，授業で扱っていない文章を読み，筆者の意図を捉えた上で自分の意見をもつことができるかを評価するテスト問題を作成する。

2　テスト問題

問題　次の文章を読んで、あとの問いに答えなさい。

【出典】
鷲田清一「誰かの代わりに」
（令和3年度版教科書、光村図書）
（授業で取り上げていない文章）

（一）　筆者の考える「責任」とはどのようなものか。また、あなたは筆者の考える「責任」についてどのように考えるか。次のア、イについてそれぞれの指示にしたがって書きなさい。

ア　筆者の考える「責任」がどのようなものかを書きなさい。

イ　アについてのあなたの考えを知識や経験と結び付けながら書きなさい。

3　評価規準

・「読むこと」において，文章を読んで考えを広げたり深めたりして，人間，社会，自然などについて，自分の意見をもっている。

（C⑴エ）

4　解答例・解説

解答例

ア 他人の訴えや呼びかけに応える用意があるという協同の感覚

【キーワード】(1)他人の訴えや呼びかけに応える（支える，代わりになる，助ける等）

(2)協同（インターディペンデンス，支え合い，やってくれる安心感等）

イ 「応える用意」が「責任」だという筆者の考えに同意する。私が所属している部活動は人数が多いため，大会に参加できる選手には限りがある。私はまだ大会に参加できるメンバーに選ばれたことはないが，参加するメンバーを支えるために全力で練習してきた。大会で結果を出そうと意気込む仲間に全力で応えるようなこの感覚は「責任」と呼ぶにふさわしいものだ。

解説

・アでは，設定した【キーワード】(1)と(2)を含んで解答していることから，文章に書かれていることを適切に捉え，理解していることが分かる。イでは，アで記述した内容について，部活動での経験と結び付けながら自分の考えをもっていることが分かる。ア，イの両方を適切に書いているため，「おおむね満足できる」状況（B）と判断する。

5 学習評価アイデア

授業では，同じテーマを扱った文章を2編読んで自分の意見をもつ。このように授業で取り組んだことを踏まえ，授業で扱っていない初見の文章を読んで考えを形成することを通して，身に付けた力を活用できるかどうかを確認する。

テスト問題の評価においては，問題作成時に評価規準を踏まえた具体的な状況を規定することが重要である。今回は，文章に書かれていることを基に考えの形成を行っているかを見取るため，ア，イに分けて記述させた。また，下記のような 正答の条件 を設定する。

正答の条件

① アに，【キーワード】の(1)，(2)の両方を含めながら筆者の考える「責任」について書いている。

② イに，筆者の考える「責任」についての考えを知識や経験と結び付けながら書いている。

条件①を満たして解答していない生徒は，考えを形成する上で筆者の考えを適切に捉えられていないため，「努力を要する」状況（C）と判断する。また，条件②を満たして解答していない生徒は，文章に表れているものの見方や考え方と自分の知識や経験と結び付けながら考えられていないため，「努力を要する」状況（C）と判断する。

テストの返却時には，上記の条件のどれを満たしている（いない）かが分かるように示すことによって，生徒が自分の課題を捉えやすくなる。また，上記の条件を基に類型を立てることで，学級や学年の課題のある部分を明らかにし，重点的に指導することも考えられる。

3 「読むこと（説明文）」の学習評価とテスト問題
主体的に学習に取り組む態度

・教材名：「人工知能との未来」「人間と人工知能と創造性」（光村図書）
・単元名：同じテーマの本を読んで紹介し合おう
・時　間：問題1　5分／問題2　5分

（牧野太輝）

1　授業の概要と問題作成のねらい

授業の概要　全5時間

1・2　同じテーマを扱った文章を2編読み，自分の生き方や社会との関わり方について自分の意見をもつ。

3・4　1・2でもった自分の意見を広げたり深めたりすることが期待できる本を探して読む。

5　3・4で読んだ本について，自分の意見にどのような影響を与えたかに触れて紹介し合う。

問題作成のねらい

1　**授業の概要**1・2の自分の意見を広げたり深めたりするために，どのような読書を行うかを粘り強く考えて記述することで，次時の選書に向けて自らの学習の調整ができているかを評価する。

2　**授業の概要**3・4で行った読書の意味を記述することで，単元の学習を自分なりに価値付けているかを評価する。

2　テスト問題

問題1　この時間（**授業の概要**1・2）では2編の文章を読んで自分の生き方や社会との関わり方について考えました。今後，自分の考えを広げたり深めたりするために，どのような読書を行うことが考えられますか。

問題2　本単元で行った読書は，あなたにとってどのような意味をもちましたか。具体例を挙げながら書きなさい。

3　評価規準

・文章を読んで自分の生き方や社会との関わり方について粘り強く考え，学習課題に沿って考えを広げたり深めたりするために本を読もうとしている。

（主体的に学習に取り組む態度）

4　解答例・解説

1　人間と人工知能は共存していくという２編の文章に共通する考えに疑問が残っている。人工知能が人間にとって危険なものになる可能性について触れている本を読みたい。

2　図書館で人工知能に関連する本を探す際に，「恐怖」や「暴走」といった言葉を書名に含む本が多くあったので，私と同じように人工知能を不安に思っている人が多いのだろうなと思った。実際にいくつかの本を読んだが，どの本にも人工知能の限界について書いてあり，研究者の考え方を知ることで自分の不安や疑問を解決することができた。

1　「人間と人工知能は共存していくという２編の文章に共通する考えに疑問」「人工知能が人間にとって危険なものになる可能性」という記述は，自分の意見を深めるために必要な情報を捉えているため，「おおむね満足できる」状況（Ｂ）と判断する。

2　「どの本にも人工知能の限界について書いてあり，研究者の考え方を知ることで自分の不安や疑問を解決することができた。」という記述は，本単元で行った読書の意味を価値付けているため，「おおむね満足できる」状況（Ｂ）と判断する。さらに，図書館で本を探す際に書名からテーマについての世間の印象を想像した記述は，選書の中で生じた興味の広がりと捉え，「十分満足できる」状況（Ａ）と判断する。

5　学習評価アイデア

　本単元は，考えを広げたり深めたりするために読書をすることの意味を実感することに重点をおいている。授業では，「主体的に学習に取り組む態度」の評価場面を２回設定することで，特に自らの学習を調整したり，学習したことを価値付けたりする力を育成する。

　例えば，生徒が１について「スポーツと人工知能の関わりに関する本を探す。」と記述した場合，意見を広げたり深めたりするための学習の調整ができていないことが分かるため，「努力を要する」状況（Ｃ）と判断し，「探している本にはどのようなことが書いてあるといいですか。」と助言する。生徒が，「教科書の文章に載っていた分野以外での活用例を知りたい。」と加筆した場合，「おおむね満足できる」状況（Ｂ）と判断する。

　また，２について，「将棋や小説以外の分野でも人工知能が使われていることを知ることができた。」と記述した場合，読書の意味を考えられていないことが分かるため，「努力を要する」状況（Ｃ）と判断し，「教科書以外の文章を読んでよかったことは何ですか。」と助言する。生徒が，「興味があるスポーツでの活用方法は，書いてあることが理解しやすくどんどん読み進められた。知らない分野の内容でも自分の興味と結び付けると面白く読めそうだ。」と加筆した場合，「おおむね満足できる」状況（Ｂ）と判断する。さらに，「知らない分野の内容でも自分の興味と結び付けると面白く読めそうだ。」という記述は，学習したことの応用・活用への意識と捉え，「十分満足できる」状況（Ａ）と判断する。

第3学年

 4 「読むこと（文学）」の学習評価とテスト問題
知識・技能

・教材名：「故郷」（光村図書）

・単元名：「希望」とは何か。

・時　間：5分

（若尾大樹）

1　授業の概要と問題作成のねらい

<u>授業の概要</u>　全6時間

1　「故郷」を読み，作品の中の言葉に着目し，3つの観点から初読の感想を書く。
　（観点：①共感②疑問③発見）

2　初読の感想から全体での学習課題（「希望」とは何か。）を設定・共有しながら，それを解決するための個別の学習課題を設定する。
　学習課題の解決のための学習計画を立てる。

3　主要な登場人物同士の関係の変化に着目し，個別の学習課題を解決しながら，全体での学習課題について，自分の考えをもつ。（「自分の考え」は，ロイロ・ノートで共有）

4　故郷の情景描写と登場人物の描写の変化に着目し，個別の学習課題を解決しながら，全体での学習課題について，自分の考えをもつ。（「自分の考え」は，ロイロ・ノートで共有）
　2で立てた学習計画を再考する。

5　学習計画に沿って，全体での学習課題の解決に向けての対話を行う。

6　学習グループ内で，全体での学習課題について自分の考えを発表し，意見を交流する。

<u>問題作成のねらい</u>

　<u>授業の概要</u>3で，登場人物の言動を根拠にして学習課題の解決に取り組んだことを踏まえて，ヤンおばさんの行動や発言の意味について考えることで，登場人物を理解したり表現したりするために必要な語句を使う力を評価するテスト問題を作成する。

2　テスト問題

そうそう、思い出した。そういえば子供の頃、筋向かいの豆腐屋に、ヤンおばさんという人が一日中（中略）

こんな姿勢で見られた繁盛だおかげで頃うそのっぱい私はるん年齢そのちった、それがしくそれがコンをランスレオンリカをトンといっを見浮かしろ身目がと「忘れ目が上られ……。「そんなわけじゃないよ。……」私はどぎまぎして、立ち上がった。

【出典】
『国語3』（令和3年度版教科書，光村図書）
104ページ15行目〜105ページ6行目
の教材文

> 問題　ヤンおばさんとありますが，あなたはヤンおばさんの人物像をどんな言葉で表します
> 　　　か。次の(1)，(2)の指示に従って書きなさい。
> 　(1)　「～人物」に続く形で，十字以内で書くこと。
> 　(2)　そのように考えた理由を，本文中の言葉を引用して書くこと。

3　評価規準

・理解したり表現したりするために必要な語句の量を増し，話や文章の中で使うとともに，語
　感を磨き語彙を豊かにしている。

((1)イ)

4　解答例・解説

解答例

(1)　嫌みな（人物）【3字】　　〈別解〉嫌みな言い方をする（人物）【9字】

(2)　理由：自分のことを忘れた「私」を冷笑するだけでなく，「忘れたのかい。なにしろ身分
　　　　　　のあるお方は目が上を向いているからね……。」といった皮肉を言い，相手を不快
　　　　　　にする発言をする人物であることが分かるため，嫌みな人物と表した。

解説

・(2)の「相手を不快にする発言をする人物であることが分かるため，嫌みな人物と表した」と
　いう記述から，ヤンおばさんの言動を適切に捉えた上で，人物像を「嫌みな人物」という教
　科書本文の表現にはない，登場人物を理解するために必要な言葉で表現できているため，
　「おおむね満足できる」状況（B）と判断する。さらに，「『忘れたのかい。なにしろ身分の
　あるお方は目が上を向いているからね……。』といった皮肉を言い」という記述は，登場人
　物を表現するために，具体的な言動を根拠として挙げるだけでなく，「皮肉」という言葉を
　説明に使っていることから，語感を磨き語彙を豊かにしていると評価し，「十分満足できる」
　状況（A）と判断する。

5　学習評価アイデア

　授業では，「主要な登場人物の人物像と登場人物同士の関係を本文の表現を根拠にまとめよ
う。」と発問する。例えば，生徒がヤンおばさんを「昔から知っている人物」と表現した場合，
物語の設定を踏まえて表現してはいるものの，ヤンおばさんの行動や発言の意味について把握
できていないことが分かるため，「努力を要する」状況（C）と判断し，「ヤンおばさんの言動
に注目してみよう。」と助言する。生徒が，「心がすさんでしまった人物」と修正し，理由に
「かつては『豆腐屋小町』と呼ばれていたが，今は物ごいをするようになってしまったから」
と記述した場合，「おおむね満足できる」状況（B）と判断する。

4 「読むこと（文学）」の学習評価とテスト問題
思考・判断・表現

・教材名：「故郷」（光村図書）

・単元名：「希望」とは何か。

・時　間：5分

（若尾大樹）

1 授業の概要と問題作成のねらい

授業の概要 全6時間

1 「故郷」を読み，作品の中の言葉に着目し，3つの観点から初読の感想を書く。
 （観点：①共感②疑問③発見）

2 初読の感想から全体での学習課題（「希望」とは何か。）を設定・共有しながら，それを解決するための個別の学習課題を設定する。
 学習課題の解決のための学習計画を立てる。

3 主要な登場人物同士の関係の変化に着目し，個別の学習課題を解決しながら，全体での学習課題について，自分の考えをもつ。（「自分の考え」は，ロイロ・ノートで共有）

4 故郷の情景描写と登場人物の描写の変化に着目し，個別の学習課題を解決しながら，全体での学習課題について，自分の考えをもつ。（「自分の考え」は，ロイロ・ノートで共有）
 2で立てた学習計画を再考する。

5 学習計画に沿って，全体での学習課題の解決に向けての対話を行う。

6 学習グループ内で，全体での学習課題について自分の考えを発表し，意見を交流する。

問題作成のねらい

授業の概要4で，故郷の情景描写の変化について考えたことを踏まえて，故郷の情景描写の比較から，表現の効果について考え，評価する力を見取るテスト問題を作成する。

2 テスト問題

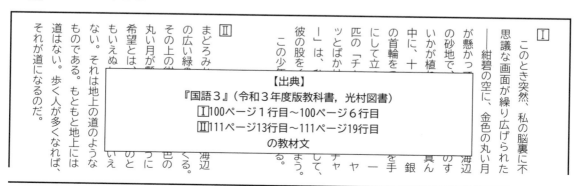

Ⅰ
このとき突然，私の脳裏に不思議な画面が繰り広げられた──紺碧の空に，金色の丸い月が懸かっている。その下は海辺の砂地で，見わたすかぎり緑のすいかが植わっている。その中に，十一二歳の少年が，銀の首輪をはめ，鉄の叉を手にして立っている。そして一匹の「チャー」をめがけて，力いっぱい突く。ところがチャーは身をかわして，彼の股をくぐって逃げてしまう。

この少年こそ閏土である。

Ⅲ
まどろみかけた私の目に，海辺の広い緑の砂地が浮かんでくる。その上の紺碧の空に，金色の丸い月が懸かっている。

希望とは，もともとあるものともいえぬし，ないものともいえない。それは地上の道のようなものである。もともと地上には道はない。歩く人が多くなれば，それが道になるのだ。

【出典】
『国語3』（令和3年度版教科書，光村図書）
Ⅰ100ページ1行目〜100ページ6行目
Ⅲ111ページ13行目〜111ページ19行目
の教材文

問題 次の**I**（「私」が故郷を回想する場面）と**Ⅲ**（「私」が故郷を離れる場面）の故郷の情景について書かれた部分を比較し，**I**と**Ⅲ**の共通点や相違点を根拠として具体的に挙げながら，表現の効果についてあなたの考えを書きなさい。

3 評価規準

・「読むこと」において，文章の構成や論理の展開，表現の仕方について評価している。

（C(1)ウ）

4 解答例・解説

解答例

・「紺碧の空」と「金色の丸い月」という表現が**I**と**Ⅲ**の両方に描かれているということは，故郷を離れるときにも美しい故郷を見たいという「私」の思いを読み手に伝える効果がある。また，**Ⅲ**には**I**で描かれていたルントウの姿が描かれていないことから，「私」の望む希望が，かつての故郷そのものではないということを伝える効果がある。

解説

・「『紺碧の空』と『金色の丸い月』という表現が**I**と**Ⅲ**の両方に描かれているということは，故郷を離れるときにも美しい故郷を見たいという『私』の思いを読み手に伝える効果がある」という記述は，**I**と**Ⅲ**を比較し，共通点を根拠として具体的に挙げながら，表現の効果について考えることができているため，「おおむね満足できる」状況（B）と判断する。さらに，「**Ⅲ**には**I**で描かれていたルントウの姿が描かれていないことから，『私』の望む希望が，かつての故郷そのものではないということを伝える効果がある」という記述から，「描かれていない」という相違点を根拠として挙げながら，表現の仕方の意味について考えることができているため，「十分満足できる」状況（A）と判断する。

5 学習評価アイデア

授業では，「『私』の故郷に対する思いを考える際には，故郷の情景について書かれた部分を比較しながら，表現の効果について考察しよう。」と発問する。

例えば，生徒が「**Ⅲ**の『まどろみかけた私の目』，『浮かんでくる。』という表現から『私』が現在の故郷に対してぼんやりとした思いしかないことを伝えている。」と記述した場合，故郷の情景について書かれた部分を比較しながら考察できていないことが分かるため，「努力を要する」状況（C）と判断し，「文章を比較しながら，表現の効果を考えてみよう。」と助言する。生徒が，「**I**の『私の脳裏に不思議な画面が繰り広げられた』と比べ，**Ⅲ**の『まどろみかけた私の目に』，『浮かんでくる』という表現から……」と加筆した場合，「おおむね満足できる」状況（B）と判断する。

第3学年

 4 「読むこと（文学）」の学習評価とテスト問題
主体的に学習に取り組む態度

・教材名：「故郷」（光村図書）
・単元名：「希望」とは何か。
・時　間：5分

（若尾大樹）

1 授業の概要と問題作成のねらい

授業の概要　全6時間

1　「故郷」を読み，作品の中の言葉に着目し，3つの観点から初読の感想を書く。
　（観点：①共感②疑問③発見）
2　初読の感想から全体での学習課題（「希望」とは何か。）を設定・共有しながら，それを解
　決するための個別の学習課題を設定する。
　　学習課題の解決のための学習計画を立てる。
3　主要な登場人物同士の関係の変化に着目し，個別の学習課題を解決しながら，全体での学
　習課題について，自分の考えをもつ。（「自分の考え」は，ロイロ・ノートで共有）
4　故郷の情景描写と登場人物の描写の変化に着目し，個別の学習課題を解決しながら，全体
　での学習課題について，自分の考えをもつ。（「自分の考え」は，ロイロ・ノートで共有）
　　2で立てた学習計画を再考する。
5　学習計画に沿って，全体での学習課題の解決に向けての対話を行う。
6　学習グループ内で，全体での学習課題について自分の考えを発表し，意見を交流する。

問題作成のねらい

　授業の概要4で学習課題について自分の考えをもったあと，学習課題の解決のために，次回，
どんな情報をどのように得たらよいか，**授業の概要**2で立てた学習計画に記述することで，自
らの学習の調整ができているかを評価する。

2 テスト問題

> 問題　学習課題「『希望』とは何か。」の解決に向けて，次時（**授業の概要**5）ではどのよう
> 　な活動が必要ですか。学習計画を再考し，変更があれば計画書に書き入れなさい。また，
> 　変更の理由や次回行う活動の内容を具体的に書きなさい。

3 評価規準

・粘り強く表現の工夫について考えるとともに，学習課題を解決するために自らの学習計画を
　見直しながら作品について考えようとしている。　　　　　　　　（主体的に学習に取り組む態度）

4 解答例・解説

解答例

　私は，自分の考えと友達の考えを比較することを中心にして学習課題を解決しようと考えて
いる。ここまで交流した友達の多くは，私と同じく故郷の情景描写の変化と「私」の心情を関
連させて考えていた。次回は，登場人物同士の関係や描写に着目している人の意見を聞きたい。
また交流の中で，「最後の場面の『まどろみかけた私の目』と回想の場面の『私の脳裏』には
何か関係があるかもしれない」という話題になったので，友達の意見を聞くだけでなく，もう
一度教科書をじっくり読み直してみることもしたい。

解説

・「次回は，登場人物同士の関係や描写に着目している人の意見を聞きたい」という記述は，
　課題解決に向けての活動を，これまでの学習と関連付けて，どのように調整するかを具体的
　に書いているため，「おおむね満足できる」状況（B）と判断する。さらに，具体的な作品
　の表現を挙げながら「友達の意見を聞くだけでなく，もう一度教科書をじっくり読み直して
　みることもしたい」という記述は，当初の計画にはなかった学習活動を積極的に取り入れて
　いるという点だけでなく，それが課題解決につながると考えられる。主体的に課題解決に向
　かう意識と，その活動の有用性が見られたため，「十分満足できる」状況（A）と判断する。

5 学習評価アイデア

　授業では，「主体的に学習に取り組む態度」の評価場面を単元の途中に設定することで，学
習課題の解決に向け，自らの学習を調整できる力を育成する。

　自らの学習の調整の評価では，学習計画書を書くことで，自分の学習に見通しをもたせるだ
けでなく，調整の過程を記録していくことで見取っていく。調整の有無や回数だけで評価する
のではなく，学習課題の解決に有効に働くかどうかという観点からも評価を行う。

　また，粘り強く表現の工夫について考えているか評価するために，「次回行う活動内容につ
いて，検討した内容を詳しく記述しよう。」と発問する。思考の過程を記録させることで，試
行錯誤している姿を見取る。

5 「古典」の学習評価とテスト問題
知識・技能

・教材名：「学びて時に之を習ふ――『論語』から」「慣用句・ことわざ・故事成語」（光村図書）

・単元名：言葉で伝えるポスターを作ろう

・時　間：5分

（三冨洋介）

1　授業の概要と問題作成のねらい

授業の概要　全5時間

1　学習目標を確認して見通しをもち，ポスターで扱いたい問題や課題について考える。

2　論語や慣用句・ことわざ・故事成語などの中からポスターに使う言葉を選ぶ。

3　ポスターの目的や相手を明確にして下書きをする。

4　ポスターの下書きを互いに読み合い，アドバイスをし合う。

5　アドバイスを基に推敲して清書をし，学習の振り返りをする。

問題作成のねらい

　授業の概要2で，ポスターに使う言葉を選んだことを踏まえて，ポスターの目的や相手に合わせて長く親しまれている言葉や古典の一節を引用するなどして，使う力を評価するテスト問題を作成する。

2　テスト問題

問題　鈴木さんは，国語の時間に古典の一節や故事成語などを使ってポスターを作成しています。次は鈴木さんの【ポスターの下書き】とポスターを作成する上で意識したことなどを書いた【メモ】です。これらを読んで，あとの問いに答えなさい。

【ポスターの下書き】　　　　【メモ】

```
┌ ─ ─ ─ ─ ─ ─ ─ ─ ─ ┐
│                   │
│                   │
│                   │
└ ─ ─ ─ ─ ─ ─ ─ ─ ─ ┘
  スポーツに力を柱ぐあなたへ。あなたは自
 分の可能性に気付いていますか？　あなたは
 まだまだ成長できる。そのスポーツが好きな
 ら，続けよう。「努力」とともに，「好き」を
 こえていこう。
```

目的	成長できる可能性があることを伝えたい。
相手	スポーツをやっていて，挫折してしまいそうな中学生以上の人。
表現の工夫	問いかけを入れたり，文末表現をそろえたりした。また，初めの文で体言止めを使い，読み手の「あなた」を強調したり，印象付けたい最後の言葉を工夫したりした。

（一）　鈴木さんは，[　　]の部分にキャッチコピーのように言葉を書こうと考えています。最も適切なものを次の1から4の中から一つ選びなさい。また，その言葉である理由を，【ポスターの下書き】や【メモ】に書かれていることを踏まえて書きなさい。

1　之を知る者は，之を好む者に如かず。之を好む者は，之を楽しむ者に如かず。

2　花を持たせる

3　猿も木から落ちる

4　虎穴に入らずんば虎子を得ず

120

3 評価規準

・長く親しまれている言葉や古典の一節を引用するなどして使っている。 ((3)イ)

4 解答例・解説

解答例

（一）　1

理由：【ポスターの下書き】に，「好き」という言葉があることから，1の言葉があって
　　　いると思ったから。

　　　また，【メモ】の「目的」に「成長できる可能性」とあり，1の言葉は，「知って
　　　いる人は好きな人に及ばず，好きな人は楽しむ人には及ばない」という意味なので，
　　　そういう意味でさらなる成長の可能性と考えられるから。

解説

　4つの選択肢の中から，ポスターの目的や相手，内容に適した言葉を選択できているため，
「おおむね満足できる」状況（B）と判断する。さらに，「理由」の中で，【ポスターの下書き】
の中に書かれていることと選択する言葉とを関連付けたり，【メモ】を踏まえて使う言葉の意
味に触れて記述したりしていることなどから，考えの深まりが見られるため，「十分満足でき
る」状況（A）と判断する。

5 学習評価アイデア

　授業では，「自分の目的や相手に合う言葉を使おう。」と発問する。

　例えば，生徒Aが新しいことに挑戦する人の背中を押すためのポスターを作成する中で「灯
台下暗し」という言葉を使った場合，目的や相手は明確であるものの，言葉が適切に使えてい
ないことが分かるため，「努力を要する」状況（C）と判断し，「言葉の意味を確認しよう。」
と助言する。

　生徒Aが，例えば「虎穴に入らずんば虎子を得ず」と修正した場合，「おおむね満足できる」
状況（B）と判断する。このように授業で取り組んだことを，授業とは別の目的や相手にした
設定で問うことで，身に付けた力を活用できるかどうかを確認する。

5 「古典」の学習評価とテスト問題
思考・判断・表現

・教材名：「学びて時に之を習ふ──『論語』から」「慣用句・ことわざ・故事成語」（光村図書）
・単元名：言葉で伝えるポスターを作ろう
・時　間：8分　　　　　　　　　　　　　　　　　　　　　　　　　　（三冨洋介）

1　授業の概要と問題作成のねらい

授業の概要　全5時間

1　学習目標を確認して見通しをもち，ポスターで扱いたい問題や課題について考える。
2　論語や慣用句・ことわざ・故事成語などの中からポスターに使う言葉を選ぶ。
3　ポスターの目的や相手を明確にして下書きをする。
4　ポスターの下書きを互いに読み合い，アドバイスをし合う。
5　アドバイスを基に推敲して清書をし，学習の振り返りをする。

問題作成のねらい

授業の概要5で，ポスターを推敲したことを踏まえて，ポスターの目的や相手に応じた表現になっているかなどを確かめて，文章全体を整える力を評価するテスト問題を作成する。

2　テスト問題

（120ページの「知識・技能」のテスト問題から続く）

【ポスターの下書き】

【メモ】

> スポーツに力を柱ぐあなたへ。あなたは自分の可能性に気付いていますか？　あなたはまだまだ成長できる。そのスポーツが好きなら，続けよう。★「努力」とともに，「好き」をこえていこう。

目的	成長できる可能性があることを伝えたい。
相手	スポーツをやっていて，挫折してしまいそうな中学生以上の人。
表現の工夫	問いかけを入れたり，①文末表現をそろえたりした。また，②初めの文で体言止めを使い，読み手の「あなた」を強調したり，印象付けたい最後の言葉を工夫したりした。

（二）鈴木さんは，【ポスターの下書き】の中に漢字の間違いがあることに気付きました。間違っている漢字を示し，適切な漢字に直して楷書でていねいに書きなさい。

（三）鈴木さんは，【ポスターの下書き】の中の表現が【メモ】の傍線部①と②に合っていないことに気付きました。【メモ】の傍線部①と②に合わせて，【ポスターの下書き】の中の表現を修正した形で書きなさい。

（四）鈴木さんは，【ポスターの下書き】の傍線部★をよりよくできると考えました。あなたならどのように工夫しますか。「努力」「好き」という言葉を必ず使って書きなさい。また，どのような工夫をし，その工夫にどのような効果があるか説明しなさい。

3 評価規準

・「書くこと」において，目的や意図に応じた表現になっているかなどを確かめて，文章全体を整えている。

(B⑴エ)

4 解答例・解説

解答例

(二)　柱　→　注

(三)　傍線部①　気付いていますか？　→　気付いているだろうか？

　　　傍線部②　あなたへ　→　あなた

(四)　工夫した表現：さじを投げず，「好き」をこえていこう，「努力」とともに。

　　　工夫と効果：倒置法を使って「『好き』をこえていこう」を強調し，「さじを投げる」と
　　　　　　　　　いう慣用句を足して【メモ】の「挫折してしまいそうな人」に諦めないでと
　　　　　　　　　いう思いをより強く伝えることができるのではないかと考えた。

解説

・(二)から(四)で全てに適切に解答していることから，目的や相手に応じて文章全体を整えることできているため，「おおむね満足できる」状況（B）と判断する。さらに，(四)で，目的や相手に応じた表現を，学習した慣用句も使いながら自分で考え，その工夫の仕方や効果について説明していることなどから，言葉への興味関心や知識の活用が見られるため，「十分満足できる」状況（A）と判断する。

5 学習評価アイデア

　授業では，「目的や相手に合った表現か確かめて，ポスター全体を整えよう。」と発問する。

　例えば，生徒Bが大人へ，子どもに目を向けてということを伝えるポスターを作成する中で「大人は子どもに目を向けて」という言葉のあとに「辛かったり大変だったりする」と加筆した場合，主語が不明確であり，印象付ける表現にできていないことが分かるため，「努力を要する」状況（C）と判断し，「印象付けるために，言葉を補い，表現技法を取り入れたらどうだろう。」と助言する。

　生徒Bが，例えば「子どもは辛い。子どもは大変。」のように主語を明確にし，表現技法を取り入れて修正した場合，「おおむね満足できる」状況（B）と判断する。

5 「古典」の学習評価とテスト問題
主体的に学習に取り組む態度

・教材名：「学びて時に之を習ふ――『論語』から」「慣用句・ことわざ・故事成語」（光村図書）
・単元名：言葉で伝えるポスターを作ろう
・時　間：8分
（三冨洋介）

1　授業の概要と問題作成のねらい

授業の概要　全5時間
1　学習目標を確認して見通しをもち，ポスターで扱いたい問題や課題について考える。
2　論語や慣用句・ことわざ・故事成語などの中からポスターに使う言葉を選ぶ。
3　ポスターの目的や相手を明確にして下書きをする。
4　ポスターの下書きを互いに読み合い，アドバイスをし合う。
5　アドバイスを基に推敲して清書をし，学習の振り返りをする。

問題作成のねらい
　授業の概要2で，論語や慣用句・ことわざ・故事成語などについて，教科書や資料集，タブレット端末などを使って調べ，集める。その際，集めた言葉を記述することと，自分が作成するポスターに使う言葉とその理由を記述することで，粘り強く取り組もうとしているか，自らの学習を調整しようとしているか，授業内で評価する。

2　テスト問題

問題　今日の授業でどのような言葉を見つけましたか。また，自分のポスターの目的や相手を踏まえたときにどの言葉を使おうと考えていますか。理由もあわせて書きなさい。

3　評価規準

・進んで長く親しまれている言葉や古典の一節を引用するなどし，学習課題に沿ってポスターを書こうとしている。
（主体的に学習に取り組む態度）

4　解答例・解説

解答例

生徒C

・私は「己の欲せざる所，人に施すこと勿れ」「心に刻む」「呉越同舟」などを見つけました。私は子どもから大人までを対象に，電車でのマナーについて考えてもらうためのポスターを書こうと思っているので，これらの中から合うものを使おうと思います。

生徒D

・私は，「故きを温めて新しきを知れば，以て師為るべし」「過ぎたるは猶ほ及ばざるが如し」「襟を正す」「水の泡」「転ばぬ先の杖」「塞翁が馬」などを見つけました。私は進学や就職に向けて取り組んでいる人たちに，今からコツコツ勉強したり，練習したりして，しっかり準備をしてほしい，でも無理はしないでほしいということを伝えるためのポスターを書きたいので，「しっかりと準備しておく」という意味の「転ばぬ先の杖」と「やりすぎはかえってよくない」という意味の「過ぎたるは猶ほ及ばざるが如し」を使いたいと思います。二つの相反するような言葉を組み合わせることで，私が伝えたいことが伝えられるだけでなく，より印象強く読み手に伝わると思うからです。

解説

・生徒Cは，長く親しまれている言葉や古典の一節について調べ，いくつかの言葉は挙げられているものの，ポスターの目的や相手を踏まえた適切な言葉を使う見通しがもてていないことが分かるため，「努力を要する」状況（C）と判断し，「自分のポスターの目的や相手を考えると，どの言葉を使うのがよいか，言葉の意味と合わせて考えてみよう。」と助言をする。生徒Cが，例えば「『己の欲せざる所，人に施すこと勿れ』を使おうと思います。この言葉は，『人にされて嫌なことは他の人にもしてはいけない』という意味なので，一人一人に自分の言動を振り返ってもらえると思うからです。」のように書き直した場合，「おおむね満足できる」状況（B）と判断する。

・生徒Dは，長く親しまれている言葉や古典の一節について調べ，いくつかの言葉を挙げられている。また，ポスターの目的や相手を踏まえた適切な言葉を使う見通しがもてていることが分かるため，「おおむね満足できる」状況（B）と判断する。さらに，「相反するような」「言葉を組み合わせる」「より印象強く読み手に伝わる」という記述からは，言葉への興味の広がりが見られるため，「十分満足できる」状況（A）と判断する。

5 学習評価アイデア

授業では，「主体的に学習に取り組む態度」の評価場面を単元の途中に設定することで，粘り強く取り組もうとする力や自らの学習を調整しようとする力を育成する。

生徒自身が自らの学習を振り返り，身に付けたい力に向けてどのように取り組んだかを自覚できるよう記述させる。また，ポスターの下書きを作成する次の時間（授業の概要3）に向けて見通しを書かせることで，自らの学習を調整する力の育成を目指す。

【執筆者紹介】 （執筆順，所属は執筆当時）

冨山　哲也　　十文字学園女子大学教授
黒田　諭　　　北海道教育大学附属函館中学校副校長
杉本　直美　　日本体育大学教授
中川　美佳　　宮城県仙台市立南光台東中学校教頭
髙橋　暖　　　千葉県千葉市立草野中学校
大山　宏樹　　兵庫県姫路市立山陽中学校
澤田　詩織　　北海道北斗市立久根別小学校
米田　真琴　　北海道教育大学附属函館中学校
牧野　太輝　　千葉大学教育学部附属中学校
阿部奈央美　　北海道教育大学附属函館中学校
新井　拓　　　北海道札幌市立新琴似中学校教頭
廿樂　裕貴　　お茶の水女子大学附属中学校
髙橋　亜矢　　北海道松前町立松前中学校
森谷　剛　　　北海道教育大学附属函館中学校
三浦　貴之　　北海道函館市立桔梗中学校
若尾　大樹　　山梨大学教育学部附属中学校
三冨　洋介　　神奈川県三浦市立南下浦中学校

【編著者紹介】

冨山哲也（とみやま　てつや）
十文字学園女子大学教授。
東京都の中学校教員，指導主事等を経て，平成16年10月から文部科学省教科調査官，国立教育政策研究所教育課程調査官・学力調査官。平成20年版学習指導要領の作成，全国学力・学習状況調査の問題作成・分析等に携わる。平成27年から現職。平成29年版学習指導要領等の改善に係る検討に必要な専門的作業等協力者（中学校国語）。著書に『中学校　新学習指導要領　国語の授業づくり』（明治図書）などがある。

杉本直美（すぎもと　なおみ）
日本体育大学教授。教育学博士。
平成21年4月から国立教育政策研究所教育課程調査官・学力調査官，平成27年4月から文部科学省教科調査官。学習指導要領の作成，全国学力・学習状況調査の問題作成等を担当。令和4年4月より現職。著書に『自立した読み手が育つ読書生活デザイン力』（東洋館出版社），『Q&Aで学ぶ中学校国語新学習指導要領—教科調査官が答える現場からの34のQ』（学事出版）などがある。

黒田　諭（くろだ　さとし）
北海道教育大学附属函館中学校副校長。
中学校教諭，北海道教育委員会指導主事を経て，平成27年度年度からの7年間，国立教育政策研究所にて教育課程調査官・学力調査官として，全国学力・学習状況調査（中学校国語）の調査問題作成，分析，指導資料の作成等を担当。令和4年度及び令和5年度は，国立教育政策研究所委託事業「CBTの特性を生かした調査問題の在り方に係る調査研究」等で，中学校国語委員会の主査としてCBT開発に携わる。

中学校国語科
新3観点のテストづくり&学習評価アイデアブック

2024年5月初版第1刷刊　©編著者　冨　山　哲　也
　　　　　　　　　　　　　　　　杉　本　直　美
　　　　　　　　　　　　　　　　黒　田　　諭
　　　　　　　　　　　　発行者　藤　原　光　政
　　　　　　　　　　　　発行所　明治図書出版株式会社
　　　　　　　　　　　　　　　　http://www.meijitosho.co.jp
　　　　　　　　　　　　（企画）木山麻衣子（校正）有海有理
　　　　　　　　　　　　〒114-0023　東京都北区滝野川7-46-1
　　　　　　　　　　　　振替00160-5-151318　電話03(5907)6702
　　　　　　　　　　　　ご注文窓口　電話03(5907)6668

＊検印省略　　　　　組版所　藤　原　印　刷　株　式　会　社

本書の無断コピーは，著作権・出版権にふれます。ご注意ください。

Printed in Japan　　　　　　　　ISBN978-4-18-301259-3

もれなくクーポンがもらえる！読者アンケートはこちらから→

ワークシート＆テスト問題例が満載！
中学校国語
新３観点の学習評価完全ガイドブック

冨山 哲也・廿楽 裕貴・積山 昌典・山内 裕介 編

新３観点の学習評価の考え方、評価規準・評価計画作成例、「おおむね満足できる」状況（Ｂ）の例、ワークシートやテスト例とともに学年領域別評価事例を詳説。国語の「知識・技能」「思考・判断・表現」「主体的に学習に取り組む態度」の評価の具体がすべてわかる１冊！

Ｂ５判／144ページ／2,530円（10％税込）／図書番号 3956

中学校　新学習指導要領
国語の授業づくり

冨山 哲也 著

資質・能力、主体的・対話的で深い学び、言葉による見方・考え方、共有…など、様々な新しいキーワードが提示された新学習指導要領。それらをどのように授業で具現化すればよいのかを徹底解説。校内研修、研究授業から先行実施まで、あらゆる場面で活用できる１冊！

Ａ５判／152ページ／1,980円（10％税込）／図書番号 2867

平成２９年版
中学校新学習指導要領の展開
国語編

冨山 哲也 編著

改訂に携わった著者等による新学習指導要領の各項目に対応した厚く、深い解説と、新学習指導要領の趣旨に沿った豊富な授業プラン・授業改善例を収録。圧倒的なボリュームで、校内研修から研究授業まで、この１冊で完全サポート。学習指導要領本文を巻末に収録。

Ａ５判／208ページ／1,980円（10％税込）／図書番号 3341

明治図書

携帯・スマートフォンからは **明治図書 ONLINEへ**　書籍の検索、注文ができます。▶ ▶ ▶

http://www.meijitosho.co.jp　＊ 併記４桁の図書番号（英数字）で、HP、携帯での検索・注文が簡単に行えます。

〒 114-0023　東京都北区滝野川 7-46-1　　ご注文窓口　TEL 03-5907-6668　FAX 050-3156-2790